Yamagiwa Method

おしゃれ迷子は この指とまれ！

ワンシーズン10着で輝く方法

山際恵美子
ファッション・ディレクター

ODYSSEY BOOKS INC.

Introduction
おしゃれで人生を着替えてみませんか

こんにちは！　ファッション・ディレクターの山際恵美子です。

私がこの肩書きを名乗るようになったのは今から4年前。それまではファッション誌『ＧＩＮＺＡ』の編集長はじめ、マガジンハウスで30年以上、編集の仕事をしていました。

フリーに転じてからは、ファッションセミナーを中心に活動を始め、どちらかというとおしゃれに苦手意識を持つ受講生さんたちと向き合い、皆さんが何につまずき何を知りたいのかというのをひたすら感知し、それにお応えしてきました。

私の講座には年齢制限があります。

40歳以上の女性限定。上は何歳でもウエルカムです。これまでの最高齢は75歳のご婦人でした。

なぜ、この年代に絞るのか？

それは昨日までのおしゃれが突然似合わなくなると感じる、「おしゃれ迷子」が発生するのがこの年代からだからです。

未曾有のパンデミックに見舞われた２０２０年、日本女性のふたりにひとりが50歳以上になったそうです。

ということは、この年代の女性たちのパワーこそが、昨今の閉鎖的な空気を少しでも明るくする鍵を握っている。

そのパワーの源のひとつがファッションだと私は思います。

女性にとっておしゃれは、どんな時でも、いくつになっても、いや歳を重ねるほど人生を愉しく生きるツールなのですから。

しかしながら、とても残念なことにこの年代の大半の日本女性は「もう、いまさら」と自分をあきらめ、人生１００年時代の残り半分をやり過ごしかないと思い込んでいるように感じます。

でも、そんな彼女たちもちょっとしたきっかけ、ほんの少しのノウハウさえあればまるで別人のようにおしゃれになり、輝いていきます。

私の講座のひとつ『大人のファッション実践コース』には、全国から「おしゃれになりたい」「このまま人生を終わりたくない」「センスを磨きたい」という女性たちが集まってきます。この講座は別名『5ヶ月で別人になるコース』と呼ばれています。

なぜなら、たった5ヶ月間で誰もが見違えるほどおしゃれになっていくからです。最初の講座では下を向き、自信なさそうで発言もなかった人が、5ヶ月後には自分に合ったスタイルやバランスを見つけ、表情まで変わって人生を謳歌していく姿をたくさん目の当たりにしてきました。

あきらめるのはまだ早い。

センスはDNAではありません。もちろんどの業界でも生まれつきセンスを授かった天才は存在します。スポーツや芸術においてはそれが顕著ですね。でもそんな天才は一体、全人口の何%居るのでしょう？　そしてその天才ですら、ひたすら努力をしてその技を磨いています。

ファッションも然りです。

センスは経験で身につけることができます。あなたがもしおしゃれに自信がないとしたら、その経験値が足りないだけなのです。おしゃれにかけた、時間とエネルギーが圧倒的に不足していただけ。

ならば、これからそれらを補っていけばよいだけの話です。

この本では、実際におしゃれに苦手意識のある生徒さんたちと向き合いながら学んだ、つまずきのポイントと、その解決法を詳しく解説していきます。つまり、この本を読み、実践することで、あなたは時間もエネルギーも、そして失敗ショッピングに費やすお金も大幅に節約しながら、素敵に変身していくことができるのです。

自分に似合う服を選ぶことで、毎日がワクワクと輝いていく。

さあ、おしゃれを変えて人生も着替えましょう！

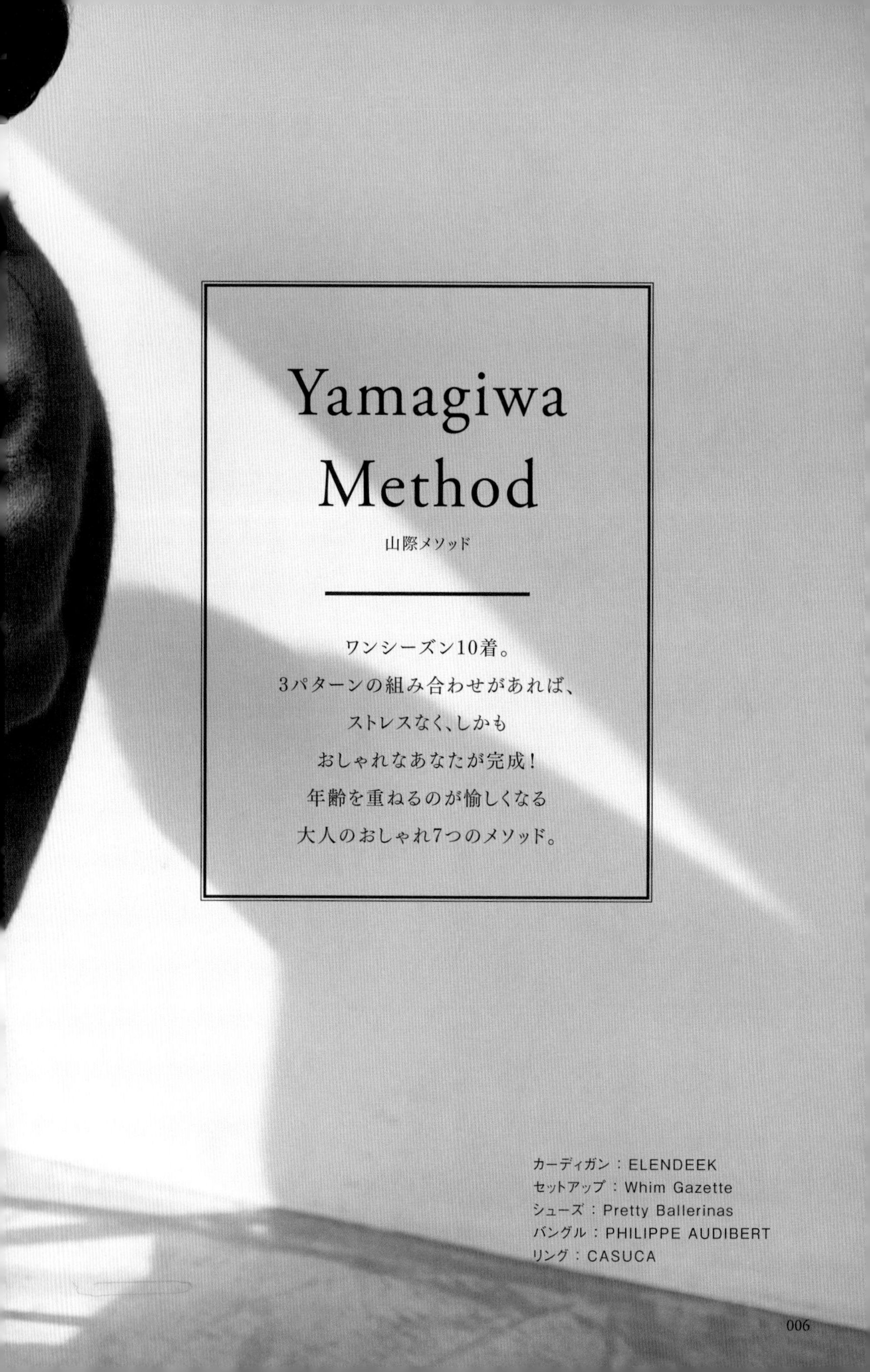

Yamagiwa Method

山際メソッド

ワンシーズン10着。
3パターンの組み合わせがあれば、
ストレスなく、しかも
おしゃれなあなたが完成！
年齢を重ねるのが愉しくなる
大人のおしゃれ7つのメソッド。

カーディガン：ELENDEEK
セットアップ：Whim Gazette
シューズ：Pretty Ballerinas
バングル：PHILIPPE AUDIBERT
リング：CASUCA

Yamagiwa Method

01

大人のおしゃれはかけ算。テイスト、素材、色を操る

ふわふわのニットカーディガンには
クールなサテン地のセットアップで。
素材や色のかけ合わせを意識すれば
新たなおしゃれの扉が開く。

ピアス：Hirotaka
ワンピース：MADISONBLUE

Yamagiwa Method

02

おしゃれに年齢制限はない。65歳のピアスデビュー

私がピアスの穴を開けたのは65歳の昨年。
ドキドキワクワクの体験でした。
あこがれのヒロタカのピアスを手に入れる歓び。
おしゃれは何歳になっても愉しく刺激的。

Yamagiwa Method

03

「今、ここに居る自分」に必要な服か？
この観点からいらない服を断捨離する

おしゃれのかけ算ができるのは
いらない服の引き算が完了しているから。
ワンシーズンに何枚の服があれば足りるのか
一度じっくりクローゼットと向き合ってみて。

ワンピース：MADISONBLUE
パンプス：HALMANERA

Yamagiwa Method

04

白はレフ板であり抜け感。足元の白はとてつもなく使える

清潔感と艶を補う白を味方に。
白シャツだけでなく、足元にも！
白のシューズは抜け感やこなれ感が出る。
大人の女性には強力な助っ人です。

Yamagiwa Method

05

今の自分に似合うものにアップデートしていく

自分には無縁と思っていたエルメスのケリー。
年齢を重ねたある日、ご縁があって我がもとへ。
いつの間にか、似合う自分になっていた。
おしゃれも自分も日々進化していきたい。

バッグ：HERMÈS
ブラウス: yunahica
スカート：THIRD MAGAZINE

スカート：CAROLE LITTLE Ⅱ
ニット：three dots
バッグ：Cartier(Vintage)
ブーツ：FABIO RUSCONI
ネックレス：CASUCA
バングル：MARNI

Yanagiwa Method

06

まず揃えるのはボトムス。ワンシーズン3本をフィックスする

少ないアイテムでストレスなく過ごすには
まずボトムスを決めてしまうこと。
土台となる下半身がきれいにカバーできれば
大人のおしゃれの8割は成功。

Yamagiwa Method

07

自分の体型を最高にきれいに見せるバランスを覚え込む

ファッションはあなたの良いところを見せ
カバーしたいところを隠すためのツール。
自分に合ったバランスさえわかれば
おしゃれはたちまち愉しくなる。

コート：Chaos
ニット：SEASON STYLE LAB
バッグ：LOEWE(Vintage)
パンプス：Gianvito Rossi
ネックレス：CASUCA

Contents

おしゃれ迷子はこの指とまれ！
ワンシーズン10着で輝く方法

Chapter 2

あなたをおしゃれに変換する魔法の10枚

Chapter 3

Chapter 4

Epilogue

※本書に掲載されている衣類、小物等はすべて著者の私物です。
現在入手できないものもあります。あらかじめご了承ください。
※本書に記載されている情報は2021年9月時点のものです。

撮影:上野裕二

おしゃれ迷子はこの指とまれ!

Chapter 1

あなたがおしゃれ迷子になる理由

Chapter_1

あなたがおしゃれ迷子になる理由

「おしゃれになりたい」
「人生このまま終わりたくない」
「センスがいいねと言われたい」

私の講座に飛び込んでいらっしゃる受講生さんたちは、みんなこんな希望を胸に秘めています。そして、講座を通じておしゃれのテクニックを身に付けていくうちに、最初はうつむきがちで発言が少なかった方が、次第にまっすぐ私の目を見るようになり、積極的に質問をするようになります。そう、受け身だった姿勢から、自分から変わっていこう、という**積極的なマインドに変化**していくのです。

そうすると一体何が変わるのか？

おしゃれに自信がついてくると、**自分に対する評価が上がります**。
自己肯定感がアップしてくると、おしゃれだけでなく毎日が愉しくなる。
こうして**おしゃれを通じて人生までが変わってしまった方々**を、たくさん目撃してきました。お一人おひとりが、講座中に何かのきっかけでスイッチが入り、面白いようにおしゃれの階段を駆け上がっていく様子を拝見できるのは、この仕事冥利につきます。

それと同時に、彼女たちの**悩みやつまずきどころに、ある共通点があること**を発見しました。

この章では、そんなリアルな体験から感知した「あなたがおしゃれ迷子になる理由」を考えていきたいと思います。

あえて言い換えれば、これは**あなたが「おしゃれに見えない理由」**です。自分では頑張っているつもり。クローゼットにだって数え切れないほどの洋服が鎮座している。でも、おしゃれに見えないのはなぜ？

ちょっと耳の痛い話になるかもしれませんが、まず現状を認識することはとても大切です。さて、これからお話しする5タイプの中に、あなたに当てはまるタイプはあるでしょうか？

「これだ！」と思い当たるフシがあったらしめたもの！

それが**解決の糸口になってくれるからです**。さあ、おしゃれ迷子脱出の第一歩、一緒に踏み出していきましょう！

type 01

おしゃれ迷子

気がつくとなぜか いつも無難な服 ばかり着ている

Yamagiwa Method

solution

これで解決！

欠けているのは冒険心
手始めに毎シーズン
ボトムスのひとつに
「遊び」をプラスして

Yamagiwa Method

「無難な服」とは何でしょう？
それは、**印象に残らない服**です。なぜ印象に残らないのか？

色が地味
100年前から同じシルエット。
コーディネートがつまらない。
小物とのバランスも悪い。

あげたらきりがないほど、「おしゃれ」という印象からは遠ざかっていく要素ばかり。わかってはいても、どうしてもそれを選んでしまう。着てしまう。

それはなぜ？　答えは簡単です。

おしゃれに自信がない。
似合う服がわからない。
どうコーディネートしていいかわからない。

その結果、可もなく不可もない無難な服に逃げる。そうしておけば、とりあえず嘲笑の的になることはない。

でも、そうやっておしゃれになりたい自分を押し殺しているとしたら、こんな人生の損はありません。

だってもはや人生１００年時代。仮にあなたが今50歳だとしてもあと**半分も人生が残っている**のですよ！

おしゃれに自信がない、似合う服がわからない、どうコーディネートしていいかわからない。

もし、あなたがこのタイプだとしたら、解決策は自ずとみえていますね。とりあえずこの３つを解決していけばもう無難な服に逃げる必要はなくなるのですから。

私のセミナーのひとつ『大人のファッション実践コース』。これは20〜25名限定のコースで５ヶ月間で私のファッション理論である『山際メソッド』をインストールしていただく講座です。

このコースはいつの間にか『5ヶ月で別人になるコース』と呼ばれるようになりました。受講生さん一人ひとりに目が届くコースなので、その成果もめざましく、誰もが驚くほど変化していくからです。

講座をいつもビデオに収めているカメラマンさんがおもわず「本当に前が思い出せないいくらいみなさん変わりましたね」と、漏らすほどの変わりようなのです。

そんな実践コースの生徒さんの中に初回で私に「全く印象に残らない人」と評された女性がいました。

無難な服のオンパレードだったからです。

しかし、彼女は私のコメントに発憤し、誰よりも一生懸命に講座に食らいつきました。驚いたことに、私がリコメンドしたショップを全てくまなく回り、さらには詳細なレポートを記したノートまで作っていたのです。講座の最後にそれを講座のお仲間が発見し、私にも見せてくれた時の感動は今でも鮮明に覚えています。

もちろん、彼女はこうして5ヶ月後には**まるで別人のよう**に。

今ではセレクトショップのスタッフの方から「ファッション業界の方です

か？」と聞かれるまでになりました。

さて、無難な服に逃げてきたあなたが、彼女のように変身するにはどうしたらいいのでしょう？

あなたに最も欠けているのは冒険心。

のちほど詳しく解説しますが、山際メソッドでは、ワンシーズンそれだけを着回せばいいという3枚のボトムスを選ぶことからスタートします。

その際、その3枚の中に必ず「遊び」のボトムスを入れるのがお約束。

ファッションを構成するのは、色柄、素材、シルエットの3つです。このどれかひとつに、いままでチャレンジしたことのなかった「遊び」の要素が入ったボトムスをまず選んでみましょう。

そんなこと言っても似合わないかも？

大丈夫、あなたに似合う服はこのあとの章でじっくり解説していきます。予定調和だったワードローブにひとつ「遊び」のボトムスが入るだけで、あなたのファッションは大きく変換していきます。

type 02

おしゃれ迷子

気になるのは他人の視線
人にどう見られるかが
洋服を選ぶ基準

Yamagiwa Method

solution

これで解決！

あなたはどうなりたい？
おしゃれの軸を自分に戻し
本当はどんなおしゃれを
したいのかを問い直す

Yamagiwa Method

日本人ほど他人の目を気にする国民も珍しいかもしれません。

ご近所の目、同僚の目、ママ友の目、洋服を選ぶ基準が、自分ではなく他人にある。

そんな他人軸でおしゃれをしていたら、本当のあなたはいつどこで表現されるのでしょうか？

おしゃれは自分軸です。自分がワクワクするもの。自分の気分をあげてくれるもの。その日の自分を最高に引き立ててくれるもの。

もちろん大人の女性としてＴＰＯをわきまえるのは当然のことです。でもその上で、今なりたい**自分を表現するツール**がファッションなのです。

もうひとつ、別の意味で他人の目を気にしている生徒さんもいました。コロナ禍で外出がままならなくなった彼女は、すっかりファッションに対するモチベーションを失ってしまいました。

「なんのためにおしゃれをするのか、わからなくなりました」

と正直な気持ちを吐露してくれた彼女の次のことばがこれでした。

「おしゃれな人に見られたくて頑張っているのに」

これを聞いた私は、私が彼女のおしゃれに感じていた**違和感と彼女の憂鬱**

の謎が解けました。

彼女のおしゃれは、他人から褒めてもらうためにするもの。そう、これも他人軸だったのです。とてもおしゃれな方だったのですが、そのおしゃれはどこか「これでもか」感があって、どうもしっくりこなかった。

「おしゃれって自分が愉しいからするんじゃない？　人の評価ばかり気にしていたら、今の状況で立ち行かなくなるのは当然だよね。もっと、リラックスして自分が愉しいおしゃれをしたら？」

このひと言で、それまで暗かった彼女の表情がパッと明るくなりました。そして、この後のおしゃれは、とびきりの笑顔とともに、さらに素敵に進化していったのです。

大人のおしゃれは自分軸。**誰かの評価ではなく、自分がワクワクするかどうか**こそがなにより大切なことなのです。

このタイプのあなたの解決法はただひとつ。

おしゃれの軸を自分に戻しましょう。万人に気に入られるおしゃれなんて存在しません。よしんばあったとしてもつまらない。たった一度の人生、人の目を気にして生きるのはもうやめにしませんか？

type 03

おしゃれ迷子

鏡を見る度にため息
恨めしいほどに
自分の体型がキライ

Yamagiwa Method

solution

これで解決！

ファッションはあなたの体型の魅力をアピールしイマイチな部分をカバーする最強の味方と知る

Yamagiwa Method

この世に自分の顔や体型が１００％好きという人はいるのでしょうか？
どんなに恵まれた容姿を持った人でも、必ずどこかに不満があるものです。
反対に、たとえ女優さんのような容姿に生まれつかなくても、**天は必ずあなたにあなただけのギフトを与えています。**

私の講座では
「自分の身体で好きなところはどこですか？」
「反対に、嫌いなところはどこですか？」
というワークがあります。

大抵の人は、「嫌いなところ」はあっという間に10個くらい埋まるのですが「好きなところ」をあげるのにとても苦労します。
あるとき、生徒さんの中に「好きなところはひとつもありません」という方がいました。
彼女の悩みは深く、自殺未遂までしたことがあると後に教えてくれました。
このワークはグループで行うので、自分が見つけられなければお仲間が客観的な目で判断してくれます。

背が高い。
色が白い。
手足が長い。

あっという間に、彼女の良いところが見つかりました。
それまで、暗い色の服が多かった彼女は、このワークを通じて自分の良さを認識し、パステルカラーのトップスを選ぶことが多くなりました。
色白の彼女の良さが引き立って、とても素敵に。
ファッションは自分の身体の良いところを引き立て、イマイチなところをカバーするためにあります。
このツールを使いこなせば、あなたはもっと素敵に見えるのです。

美の基準はひとつではない。
太っている、痩せている、背が高い、低い。それがどうした、というのでしょう？　それぞれを生かすシルエットを選べばいいだけ。
あなたにはあなたしかなれないのだから。

type 04

おしゃれ迷子

己の変化に目をつぶり過去の栄光を引きずっている

Yamagiwa Method

solution

これで解決！

キーワードは「今」
今の自分が一番素敵と
胸を張って言える服に
シフトしていく

Yamagiwa Method

ピーンと張った肌とスッキリした二の腕、そしてスリムなお腹。30代までのあなたなら、たとえちょっと「アウト」な洋服を着ていても、若さがそれをカバーしてくれていたことでしょう。

しかしながら、**あなたの外見はあなたが思っている以上に変化しています。**当然、似合う服のシルエットも変わっています。

大人世代がもっともやってはいけないのは「昔は似合っていた」服をそのまま着ることです。

例えば身体の線がはっきり出るボディコンスーツ。

お肉がはみ出てもなお着ている女性をたまーに見かけますが、あれです。

それから、私がとても気になるのはミニスカート。

カモシカのように細い脚の持ち主以外は、絶対におすすめしません。

まず、膝がダメです。

膝はありのままの年齢を映し出す鏡。よほどのお手入れをしていてもはっきり「アウト」感がにじみ出てしまいます。

これも生徒さんで、「ミニ以外は穿いたことがないです」という方がいました。

小柄な彼女には、なるほど若い頃ならベストバランスだったと思います。しかし、今の彼女でそれをやっていると、どう見ても「平成」を通り越して「昭和の女」だったのです。

「令和の女」になってね、と長めのスカートに挑戦してもらいました。

そのバランスでのトップスの選び方、彼女に合った色の選び方などを少しずつマスターして、見事に「令和の女」となって卒業しました。

講座の修了時に彼女に「スカート丈には慣れた？」とお聞きすると「よく、あんなもの（ミニ）を穿いていたものだと今は思います」と笑顔で答えてくださいました。

「昔大好きだった」服を着てみると、「あれ」ということがありませんか？

もちろん**変わったのは服ではなくあなた**です。

でも安心してください。今のあなただからこそ似合う服もたくさんあります。若い子には決して着こなせない、大人こそ似合う服。そちらにシフトしていきましょう。

キーワードは「今」。今の自分が一番素敵。そう自信を持って言える服を着てみませんか？

type 05

おしゃれ迷子

自分に自信がなくお店の人に勧められるがままに買う

Yamagiwa Method

solution

これで解決！

似合う服、似合う色、
似合うバランスを知って
他人に惑わされない
自分の判断基準を持つ

Yamagiwa Method

これは特に地方にお住まいの方に多い傾向です。
長年馴染みのお店があり、馴染みの店員さんがいて彼女のお勧めの通りに買ってしまいます。
ショップにしてみればこんないいお客さまはいませんね。
あの手この手でお勧めしてくることでしょう。
試着して鏡に映った自分を見て「ちょっと違うかも」と思っても**店員さんに強く勧められると断れない**。日本人は本当に優しいです。

おしゃれが苦手という方は、ショッピングも苦手です。
まず、お店に入れない。入っても店員さんの目が怖くて満足に見られない。
ましてや試着をしたら、必ず買わなくては申し訳ない。
この苦手意識を払拭する手だてはあるのか？
もちろんあります。

自分に似合うシルエットを知る。
自分に似合うサイズを知る。

自分に似合う色を知る。

判断の基準があれば、NGなものの見極めができるようになります。

店員さんは断られるのが商売です。

試着してもピンとこなければ「ちょっと考えますね。また伺います」と断れば済むことです。

それで嫌な思いをするようなら、その店には二度と行かなければいい。

こうやって自分に似合うもの、自分の好きなものを理解してくれる店員さんと仲良くなると、ぐっとショッピングは愉しくなります。

どんなお店に行っていいかわからない、という方はまずお近くのセレクトショップに足を運んでみてください。その中から、自分の好みにぴったりのお店を絞って、お気に入りの店員さんも見つけましょう。

店頭に出ていない商品を見せてくれたり、今後のセールのお知らせをいち早く教えてくれたり。

店員さんを怖がるのではなく、味方につけるショッピング術も、おしゃれの階段を上るための大切なステップなのです。

Yamagiwa Method

★

山際メソッドで変身！
女に生まれて良かったと思える自分に

●さいとう　ゆり
齋藤裕里さん　64歳

Before

→

After

山際メソッドへの挑戦は、うつ病の再発で1日の大半を布団の中で過ごしていた時期。ある時、卵の殻がパカッと割れるように“青空”が見えたという。「山際メソッドは容赦ない愛のムチ。現実の自分は華奢なスキニーではなくワイドパンツの女でした(笑)。でも、トレンドのシルエットを穿きこなす自分の姿を初めて素敵だと思えたんです」。ロングスカートの数cmの丈の差に気を配り、強い色彩が“ゆるみ”を強調すると知れば優しい色の服を加えた。1つ1つ現実をクリアする中で、「私にもできる、大丈夫」という自信が積み上がっていく。「パンツもスカートも、アクセサリー選びまで自由に愉しめる。おしゃれを通じて、女性に生まれて良かったと思えるまでに。おしゃれは心と体を軽くしてくれる。生きる原動力です！」

Chapter

2

あなたをおしゃれに変換する魔法の10枚

Chapter_2
あなたをおしゃれに変換する魔法の10枚

クローゼットはパンパンなのに、明日着る服がない。

そんなあなたが、まずしなければいけないことはなんでしょう?

私が今の仕事をするきっかけを作ってくれた人物でもあり公私ともに親しい断捨離の提唱者やましたひでこさん(この経緯は拙著「服を捨てたらおしゃれがこんなに『カンタン』に!」に詳しく記しました)。私の講座は断捨離のマインドを基本にしているので、まず、今のあなたにふさわしくない服を処分していくという引き算をお願いしています。

今ここに居る自分にとってそれが必要か否かを問いただして、いらないものは断捨離をする。こうして残ったアイテムから、未来のあなたのワードローブを組み立てていくのです。

ところが、断捨離をして残ったアイテムだけでコーディネートを組み立てようとしても、それが機能することは稀です。

なぜなのでしょう?

受講生さんたちを見ていて強く思うのは、みんな不必要な服はたくさん持っているのに「これさえあれば」という**基本のアイテムを持っていない**ということです。

おしゃれな人というのは、とっかえひっかえデザイン性の高い服を着ている人ではありません。
それはおしゃれな服が好きな人であって、おしゃれな人ではありません。
本当におしゃれな人は、ミニマムなワードローブを季節ごとに着こなし、まるで**自分の一部のように着崩す**ことができる人です。
少なくとも**40代以上の大人のおしゃれの軸はここ**にあります。

では、おしゃれになるための第一歩は？
答えはおわかりですね。
まず、この**基本アイテムを揃えればいい**のです。
それを軸に自分らしさを加えていくのは次のステップ。
まずは、どんなアイテムが必要なのか。
そしてそれをどう組み合わせればいいのか。
そして、どう着こなせばいいのか。
この章であなたにお伝えするのはこの基本です。

item

1

レフ板効果の高い白シャツを一枚

これ以上、自分を素敵に見せるものはないという白シャツを持っていますか？ **大人になるほど似合ってくるアイテム**の代表がシャツです。

とりわけ白シャツは私たちが失っていく、ふたつのものを補ってくれます。それは、**艶と清潔感**。

上半身に白を持ってくることで、レフ板のように光を反射して、艶をプラスしてくれます。また、白という色の持つ清潔感が、私たちをシャキッと見せてくれるのです。

だからこそ、選ぶ時には細心の注意を払いたい。

チェックポイントは肩。1㎝ほど落ちている方が綺麗に見えます。シャツはもともとメンズのアイテムなので、ちょっとゆったり着た方が美バランスです。

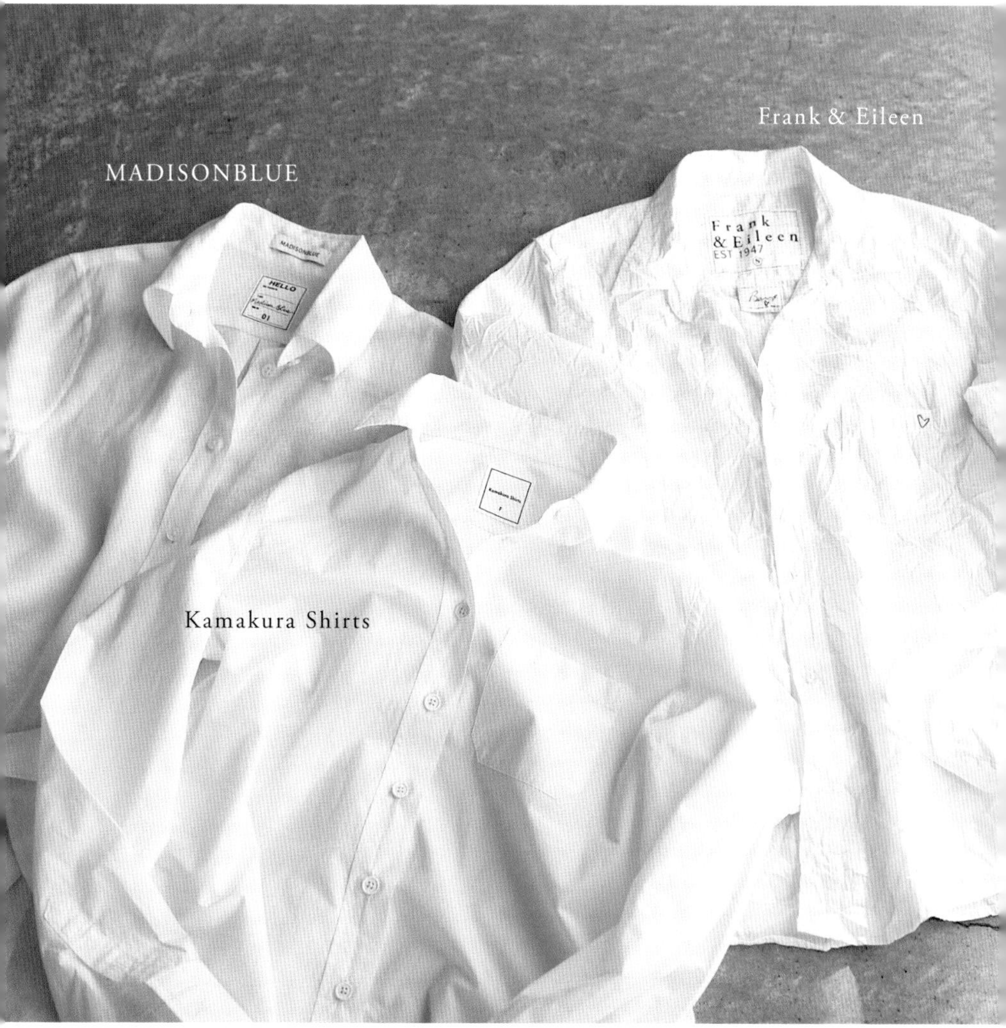
Frank & Eileen
MADISONBLUE
Kamakura Shirts
MADISONBLUE
HELLO
Frank
& Eileen
EST 1947
Kamakura Shirts

Check!
袖は必ず
折り返して
手首を見せて
Check!
シンプルコーデを
赤いヒールで
ドラマチックに
シャツ：Frank & Eileen
デニム：RED CARD
バッグ：Stella McCartney
パンプス：i/288
ネックレス：CASUCA
バングル：YSL（ゴールド）
MADISONBLUE（シルバー）
腕時計：Louis Vuitton

また、そのバランスも毎年微妙に変化しています。定番アイテムとして必ずあるユニクロや無印良品のシャツも、襟の幅や身頃、袖ぐりのバランスなど、ディテールを少しずつ常にアップデートしています。

だからシャツのような定番ほど、一度買ったからといって安心せず、**数年で買い替える**こと。これこそが定番アイテムでいつもフレッシュに見せる最大のポイントなのです。

POINT

1 肩から1㎝ほど落ちているか。

2 素材は綿か麻。麻の場合は少しオーバーサイズ気味の方がこなれた印象に。

3 一度買ったからといって安心せず、数年で買い替える。

【お勧めブランド】
・Frank & Eileen／女性の身体を美しく見せる胸の開きやシルエット
・Kamakura Shirts／手頃な値段でオーソドックスな作り
・MADISONBLUE／良質で細部までこだわった大人のためのシャツ

Check!
麻の白シャツは
ちょっとだけ
オーバーサイズで

Check!
大きめのクラッチ
それもアニマル柄で
バランスをあえて崩す

シャツ：MADISONBLUE
パンツ：LEMAIRE
バッグ：ESCADA
パンプス：Gianvito Rossi
バングル：Chloé
腕時計：Louis Vuitton

Check!
秋冬はインナーで
ちょっとだけ
白を効かせて
Check!
シューズで白を
リピートして
効果倍増

シャツ：Kamakura Shirts
ニット：MUSE de Deuxiéme Classe
ダウンベスト：DUVETICA
パンツ：Chaos
バッグ：Maison Margiela
白ブーツ：Daniella & GEMMA
ネックレス：Chaos

item

2

光沢のあるTシャツで艶をもらう

Tシャツも一年中使えるアイテムです。若い頃から着慣れたアイテムですが、**年を重ねるに従ってどうも似合わなくなるものの代表**でもあります。年齢に合わせて選び方もコーディネートもアップデートしていきましょう。

Tシャツは選び方次第で私たちの強力な味方になってくれます。

まず、できるだけ艶のあるタイプを選ぶこと。それだけで、ブラウス1枚と同じほど品が出ます。この艶というのがとても大事です。なぜなら、Tシャツのルーツはアメリカ海軍の下着です。それゆえちょっと間違うととてつもなく、だらしなく見えてしまうのです。

だからTシャツ、特に白Tシャツには、ある程度の投資を覚悟したい。なぜなら、**値段と品質が正比例するアイテム**だから。良質なコットンを使っていれば、それは値段に反映されます。が、その分上質なTシャツは、適度な

SLOANE
SLOANE
SLOANE

Check!

きちんとした白Tは
きれいめコーデの
助っ人に

favorite

白×ベージュの
優しいコーデは
大人こそ似合う

Tシャツ：SLOANE
パンツ：HAUNT
バッグ：LOEWE(Vintage)
パンプス：NICHOLAS KIRKWOOD
ピアス：Hirotaka
ネックレス：SEASON STYLE LAB
バングル：PHILIPPE AUDIBERT
腕時計：Louis Vuitton

光沢とほどよい厚みがあり、洗濯をしてもへたらないという利点があります。また、もうひとつ忘れてはならないのは身体の線を拾わない**適度なゆとりをもったタイプを選ぶ**こと。最近多い前後に寸差のついたタイプは大人体型のカバーにお勧めです。

これらを意識すれば、真夏は言うに及ばず、秋冬はニットのインナーとしてちょっとのぞかせると、おしゃれ度がアップする便利アイテムです。

POINT

1 艶のある良質なコットン素材を選ぶ。

2 身体の線を拾わないシルエットが基本。

3 袖に余裕がある場合は、ひと折りほどしてバランスを取る。

【お勧めブランド】

・SLOANE／艶感のある大人のためのTシャツ

・N.O.R.C by the line／前後の寸差があったり、二の腕がカバーされたりと、大人体型をカバーする優れもの

Check!

シックな色のTシャツは
きれいめジャケットの
カジュアルダウンに

Check!

コインペンダントや
ロングパールで
光をプラス

Tシャツ：SLOANE
ジャケット：MADISONBLUE
デニム：upper hights
バッグ：Maison Margiela
パンプス：HALMANERA
コインネックレス：Chaos
パールネックレス：
AKIO MORI for LOEFF
腕時計：Louis Vuitton

Tシャツ：SLOANE
ベルト：HERMÈS
スカート：upper hights
バッグ：COACH
シューズ：Pretty Ballerinas
バングル：PHILIPPE AUDIBERT
腕時計：VAGUE WATCH CO.

Check!
文句なく大人な
黒Tシャツだから
いっそシックに振り切って

Check!
オールブラックコーデは
バックルやバッグの
ゴールドをポイントに

item
3

真夏以外に活躍するハイゲージニット

新しいトップスを買いに行くとき、陥りやすい失敗のひとつに、デザインが施されたものに手が出てしまうというのがあります。これをやるとコーディネートの幅が途端に狭まってしまいます。

トップスはシンプルなものをまず揃えてください。

特にニットこそ、ベーシックな普通のデザインを選ぶこと。ボトムスを選ばず、何年にもわたって活躍してくれます。

いの一番に揃えて欲しいのが、**リブ編みのハイゲージニット**。ジャケットのインナーとして、また、どんなスカートやパンツにもコーディネートできるので、真夏以外本当に活躍します。

ハイゲージとは編み目が細かい、こちらの写真のようなニット。ざっくり編まれたものはローゲージニットとよばれます。

HAUNT
Muse de
Deuxiéme Classe
HAUNT
HAUNT
HAUNT
HAUNT

Check!

黒のリブニットは
何を合わせても
大人に仕上がる

Check!

下に重心のある
インパクトアクセは
Vニットと好バランス

ニット：HAUNT
パンツ：UNITED ARROWS
バッグ：JAMIN PUECH
シューズ：Pretty Ballerinas
ピアス：Bon Magique
ネックレス：MADISONBLUE
バングル：PHILIPPE AUDIBERT

縦に編み目の入ったハイゲージリブニットは、ストライプと同じ効果で着痩せを叶えてくれます。色はダークなほど引き締まって見えますが、春先などは綺麗な色を持ってくるのも気分が上がってお勧めです。

ネックの形も肝心。**一番スッキリ見えるのはVネック**ですが、ボートネックやクルーネックも捨てがたい魅力があります。その場合は、ネックレスやスカーフでデコルテにVを作ってあげるのをお忘れなく！

POINT

1 肉感を拾わない適度なゆとりがあるタイプを選ぶ。

2 黒、エンジ、紺などベーシックなカラーを揃えておく。

3 デコルテにVを作る工夫をする。

【お勧めブランド】

・HAUNT／毎年少しずつリブの太さなどを変えながらオリジナルを発表している

・Muse de Deuxiéme Classe／ベーシックニットにものすごく強いブランド

Check!

エンジのボートネック
ボトムスの色を選ばず
マルチに活躍

Check!

上下が色物なので
バッグは中間色、
しかも素材で遊ぶ

ニット：HAUNT
パンツ：GALLARDAGALANTE
バッグ：ANITA BILARDI
シューズ：FABIO RUSCONI
ネックレス：全てCASUCA
バングル：Chloé
腕時計：FRANCK MULLER

Check!

大きめのトート
しかもグリーン
このバランスが肝

Check!

ネイビーのクルーネック
きれいめ代表アイテムを
ピンクのボトムスでラブリーに

ニット：Muse de Deuxiéme Classe
スカーフ：ZARA
パンツ：6
バッグ：MARNI
シューズ：Church's
バングル：YSL（ゴールド）
MADISONBLUE（シルバー）

item
4

誰でも5キロ痩せて見えるVネック

大人のトップス選びは、**いかにデコルテを綺麗に見せるか**に、かかっています。その場合、最も失敗が少なく、比較的どんな体型の方にもお勧めできるのがVネックです。

おしゃれに見える着こなしの基本は「3首見せる」、つまり首、手首、足首の「3首」を見せることですが、Vネックはとりわけ首をシャープに見せてくれます。その結果**着痩せ効果も期待**できます。シャツもニットもVネックにして首元を出すと、それだけで見た目5kgマイナスが叶います。

しかしながら、体型によって似合うVの深さが違うので注意が必要です。

一番Vネックが似合うのは、上半身がふくよかで胸もあるタイプ。あまり深く開きすぎているものは逆効果ですが、ほどよい深さならシャープな鋭角を作ってくれるので好バランスになります。反対に痩せ型の人は貧弱に見え

three dots
UNTITLED
UNIQLO

ニット：UNTITLED
スカート：Whim Gazette
バッグ：PRADA
シューズ：BEAMS×adidas
ネックレス：Chaos
リング：CASUCA
バングル：PHILIPPE AUDIBERT
ブレスレット：PHILIPPE AUDIBERT

favorite

Vネックは
自分に似合う
開きを研究して

Check!

ニットとは真逆の
テレンとした素材のボトムス
お勧めのかけ算です

がちなので、開きの浅いVをチョイスしてください。
冬物ではユニクロのメンズカシミヤニットがお勧めです。レディースより Vの開きが浅く、シルエットもゆったりめ。お値段も1万円を切り、毎年恒例の「誕生感謝祭」などではさらにお値引きになるので、これを狙って毎年買い足すほどです。

POINT

1 自分の体型に合ったVの開き具合を見つける。
2 着痩せ効果を倍増するには、少しオーバーサイズを選ぶこと。
3 袖は必ずたくし上げて手首を出す。

●お勧めブランド
・UNIQLO／3Dニット、メンズカシミヤニット
・three dots／カットソーが有名ですが、ニットにも注目して

Check!
寒い時には
インナーに薄手の
タートルを仕込んでも

Check!
きれいめで
遊びのあるバッグが
カジュアルを格上げ

ニット：three dots
パンツ：N.O.R.C
バッグ：CHANEL
ブーツ：FABIO RUSCONI
ネックレス：CASUCA
バングル：MARNI
リング：CASUCA

Check!

ユニクロのメンズニット
カシミヤで1万円を切る！
冬コーデに欠かせない存在

Check!

グレー×ベージュの
仕上げはバッグの
色とデザインで

ニット：UNIQLO
パンツ：HERITANOVUM
バッグ：Mila Owen
パンプス：Gianvito Rossi
ネックレス：MADISONBLUE
バングル：YSL(ゴールド)
MADISONBLUE(シルバー)
腕時計：Louis Vuitton

item

5

大人の余裕を見せるボーダー

ボーダーも若い頃から着慣れたアイテムだと思います。あまりにもポピュラーで、あまりにもベーシックなアイテムなだけに無頓着に着るか、厳選して着るかで大きく差が出てきます。

もともとはスペインのバスク地方の水兵さんのユニフォーム。つまり労働着なので若い頃ならともかく、大人がカジュアルに着ると、おしゃれに無頓着なオバサンに見えてしまう要注意アイテムです。

我々世代の注意点は何だと思いますか？

それは、**ボーダーのピッチ幅、つまり太さ**です。

ボーダーはファッション用語では横縞。ピッチが広いとそれだけで太って見えます。なので、できるだけピッチの狭く細いものを選ぶこと。

さらにボーダーの色にも注目。最もきれいめに見えるのは白地に黒のボー

MUSE de
Deuxiéme Classe
COS

Check!

まさに神アンサンブル！
襟と袖口の黒が
スッキリ見えのポイント

Check!

パンプスの赤は
パンチが欲しい時
この上なく重宝

アンサンブル：
MUSE de Deuxiéme Classe
パンツ：MADISONBLUE
バッグ：ZANCHETTI
パンプス：i/288
バングル：YSL（ゴールド）
MADISONBLUE（シルバー）
腕時計：Louis Vuitton

ダー。これが紺色になると、少しカジュアル度が増すので、真夏などはむしろ紺の方がよい場合もあります。

また、地の色がベージュのものも使い方によってはシックに決まります。さらに最近では、**後ろが空いた肌見せタイプ**なども登場していて、フェミニンなアイテムとしてその可能性が広がってきています。

大人ならではの着こなし、ぜひチャレンジしてみてください。

POINT

1 できるだけピッチの狭いタイプを選ぶ。

2 色による印象を知って効果的に使う。

3 後ろ開きにチャレンジもあり。

●お勧めブランド

・COS／H&Mのお姉さんブランド。リーズナブルに定番が揃う

・Muse de Deuxiéme Classe／写真のニットアンサンブルは定番品。金ボタンも高級感があり、バラバラでも使えるのでとても重宝

・SINME／女優の板谷由夏さんのブランド。後ろ空きボーダーは即完売の人気

Check!

プラスカーディガン
ブラウン配色が
今の気分

Check!

カジュアルな仕上げ
ニコちゃん刺繍の
エコバッグで

ボーダーニット：MUSE de Deuxiéme Classe
カーディガン：ZARA
デニム：RED CARD
バッグ：OPEN EDITIONS
ミュール：FABIO RUSCONI
ネックレス：Chaos
バングル：PHILIPPE AUDIBERT
腕時計：Louis Vuitton

Check!
ボーダーは意外に
柄物スカーフだと
粋なバランスに
Check!
ダークトーンのコーデには
ラフィアなど軽めの
色や素材のバッグで
ボーダーニット：
MUSE de Deuxiéme Classe
スカート：MADISONBLUE
スカーフ：NINA RICCI(Vintage)
バッグ：ZANCHETTI
サンダル：Daniella & GEMMA

item

6

何歳になっても穿きたいデニム

カジュアルボトムスの代表格デニム。いままで一度も穿いたことのない人を探すのが大変なほど、ポピュラーなアイテムです。

でも、**若い頃に比べて似合わなくなった**と感じていませんか？

ピチピチのデニムを無理して穿いても許されていた時代はとっくに終わりました。大人世代には、大人のデニムの選び方があります。

まずはシルエット選び。**自分の体型にはどんなタイプが似合うのか**を見極めましょう。

スリムなシルエットがフィットするのは、下半身が細い方だけ。それ以外の場合はストレートかボーイフレンドなど、ほどよく緩みのあるタイプがおしゃれに見えます。

そして、色はできるだけ濃いめの方が細見えします。濃いめのインディゴ

upper hights
upper hights
upper hights

Check!

フェミニンこの上ない
ブラウスを合わせ
甘辛コーデに

favorite

色のセレクトで
デニムのイメージは
自在に操れる

デニム：upper hights
ブラウス：VERMEIL par iena
バッグ：Maison Margiela
ブーツ：Daniella & GEMMA

や**最近登場してきたグレー**もおしゃれ度が増します。ダメージ加工はほんの少しならOKですが基本は避けた方がよいです。
また、こうして似合う一本が見つかったからといって、それを永遠に穿き続けようと思わないこと。シャツもそうですが、デニムのような定番アイテムは同じように見えて毎年微妙に変化しています。
ウエスト位置もローライズが流行ったり、ハイウエストにもどったり、シルエットやクラッシュ、ダメージのしかたも日々変化しています。だからこそ、少なくとも**3年に一度は更新**していかないと、ただの古臭い人になってしまうのです。
また、ひと昔前に流行ったアメリカ西海岸のデザイナーズデニムのように、腰の位置が高くてヒップもきちんとある欧米人を基準にしたデニムはどんなに素敵でも日本人にはハードルが高いです。
この本でご紹介している、アッパーハイツ、レッドカードはその点、**日本人の体型に合ったカッティング**で作っているジャパンブランド。まずはこのふたつから、自分に合ったタイプをチョイスしていくのが、一番の近道です。
初めは「デニムに2万円も出すなんて」と尻込みしていた生徒さんたちも、

レッドカードのアニバーサリーを買い、シンプルな白シャツと合わせた瞬間「これが私?」とすっかり虜に。**おしゃれの階段を駆け上がって**いきます。

POINT

1 自分の体型に合ったデニムを選ぶ。
2 大人の女性のための日本ブランドにアクセスする。
3 色のチョイスにもひと工夫する。

●お勧めブランド

・upper hights／2014年創立のデニムブランド。適度なゆとりがありながら女性らしいラインを出すデニムが揃う。絶妙なウオッシュ加工、裾の処理など手作業の加工技術も人気の理由

・RED CARD／2009年立ち上げ以来、伊勢丹新宿店など大手デパートでも大ヒットを記録しているブランド。人気の秘密は日本人女性にフィットする穿き心地とシルエット。価格も税抜1万9000円が中心とインポートの3万円台よりずっとお手頃。一度穿いたらそのお得感に納得するはず。まずはアニバーサリーシリーズをお試しあれ

Check!
バッグやシューズは
きれいめを合わせ
大人のバランスに
Check!
ダメージ加工は
ほどほどがお勧め
こんなふうに裾だけとか

デニム：upper hights
シャツ：MADISONBLUE
ストール：Johnstons
バッグ：ZANCHETTI
パンプス：i/288
ネックレス：CASUCA
バングル：PHILLIPPE AUDIBERT
腕時計：Louis Vuitton

item 7

細見え効果抜群のテーパードパンツ

パンツ選びが苦手という人は多いですよね。では、パンツを選ぶ時、あなたはどこをチェックしますか？「ウエストが入ったらＯＫ」というだけではきれいなパンツは手に入りません。

パンツはヒップで選ぶものです。

ヒップのラインがきれいに出ているか、変なシワが寄っていないか。試着室でしっかりチェックしてください。

その上で、まずどんなタイプのパンツを持つべきか。

私のお勧めはテーパードパンツです。

ヒップから太ももにゆとりがあり、裾に向かって細くなるパンツ。私たち大人の隠したい部分をキチンとカバーし、スタイルアップして見せてくれる夢のようなアイテムなのです。これを活用しないなんてもったいない！

BERNARD ZINS
HAUNT

Check!
シンプルイズベスト
キリッとしたシャツとの
コーデが一番好き
Check!
ついに見つけた究極の
テーパードパンツ
完璧なシルエットと
穿き心地

パンツ：BERNARD ZINS
シャツ：upper hights
バッグ：MARNI
シューズ：FABIO RUSCONI
ネックレス：CASUCA
バングル：YSL（ゴールド）
MADISONBLUE（シルバー）
腕時計：Louis Vuitton

事実どんな体型の人にも似合って、その上〝きちんと見え〟するので、それはそれは重宝します。

パーソナルショッピングでいろいろな体型の方にパンツをお見立てしますが、たとえば小柄でその上太ももが張ったがっちり体型の方の場合。似合うパンツを選ぶのは至難の業です。

でも、紺か黒のテーパードパンツを穿けば、あら不思議！　**スタイルが見事にカバーされ**、ご本人もびっくりするくらい素敵に変身します。そんなテーパードパンツですが、その効果をさらにアップするためには真ん中に折り目の入った、**センタープレス**を選んで。色はまず黒をチョイスすれば万能です。また、白やベージュの太く見えがちな色も、テーパードパンツなら不思議とスッキリ見えるのでぜひトライを。

そしてテーパードのもうひとつのポイントが丈です。

パンツの裾をどこで切るかは、頭を悩ませるポイントですが、テーパードパンツの場合、一番使いやすいのはくるぶし丈。この丈のよいところは、まず足首が見えることで細見えがかなうこと。そしてパンプスはもちろんバレエシューズなどのローヒールやスニーカーにも合うというところ。どんなシューズを合わせるかと、悩む必要がないのはかなりストレスが軽減されませんか？

また、基本見え方としてはきちんとしているので、トップスとのかけ算で、いかようにもイメージを変えることができます。シャツやブラウスを合わせればきれいめに振れますし、Tシャツでラフに変換することも可能。まさに**万能ボトムスの代表**なのです。

POINT

1 ヒップを美しく見せてくれるかをチェック。

2 センタープレスがあればなおよし。

3 くるぶし丈がシューズとも合わせやすい。

●お勧めブランド
・HAUNT／オリジナルが値段も手頃で優秀
・BERNARD ZINS／フランス製美脚パンツの代表ブランド

Check!

ちょっとだけ
襟にレースをのぞかせて
ソフトな雰囲気をアップ

Check!

2枚目のテーパードは
ベージュがお勧め
黒と並ぶ活躍をお約束

パンツ：HAUNT
ニット：HELMUT LANG
ハイネック：ZARA
バッグ：Maison Margiela
ブーツ：Daniella & GEMMA

item

8

ワイドパンツは七難隠す

ファッションは自分の身体の魅力を強調し、コンプレックスを隠すツールです。その意味で、**ワイドパンツは下半身にお悩みのある方の救世主**です。

なにしろ、脚の線が全く出ない。さらに、センタープレスを選べば、スタイルアップに欠かせない長くストレートな縦ラインだけが印象に残るのです。

でも、ワイドというだけで「太って見えるのでは？」と敬遠している方も多いのでは。

だったら選び方にひと工夫してみましょう。

丈は引きずるほど長いタイプよりも**くるぶし丈くらいの方が使い勝手がよい**です。足首をちょっとでも出してあげると引き締まって見えます。そう、ここでも〝3首〟ルールです。

またシルエットも太すぎず、細すぎずのあたりを狙うこと。

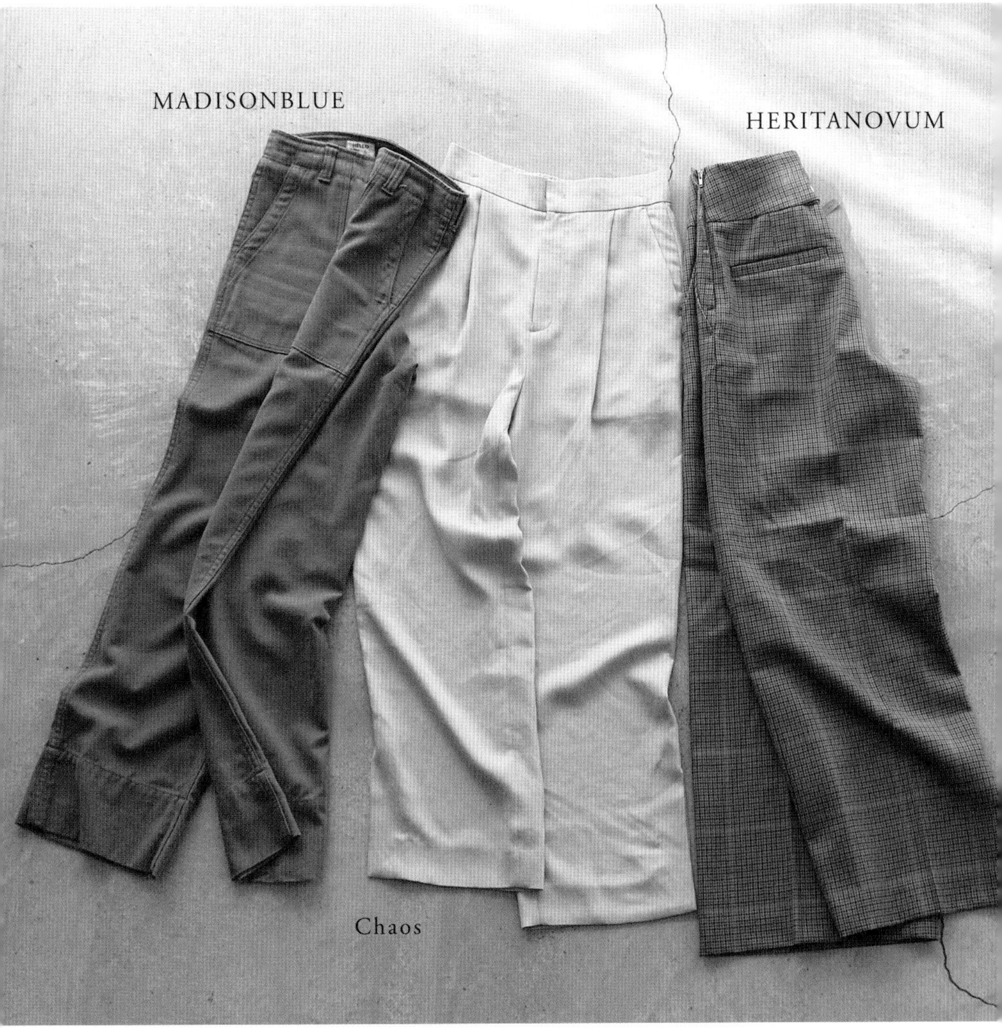
MADISONBLUE
HERITANOVUM
Chaos

Check!
ブライトな麻シャツ
夏の太陽に負けない
色もこの季節なら
Check!
夏素材のワイドは
大人の余裕
避暑地のイメージで
パンツ：Chaos
シャツ：Finamore
バッグ：BECK SÖNDERGAARD
サンダル：A.EMERY
ピアス：Hirotaka
ネックレス：CASUCA
バングル：PHILIPPE AUDIBERT

そして最も大切なポイントはウエストの位置です。できるだけ**ハイウエストを選んで**脚長効果をアップさせましょう。
トップスはタイトにまとめ、下半身にボリュームを集中させるとスタイルアップして見えます。
また、夏のワイドパンツは風通しもよく、見た目も涼しげでお勧めです！

POINT

1 トップスをタイトにまとめ、下半身にボリュームを集中させる。
2 センタープレスを選ぶ。
3 ハイウエストで脚長に見せる。

●お勧めブランド
・GALLARDAGALANTE／旬のアイテムが揃うセレクトショップ
・6（ROKU）／ユナイテッドアローズのブランド。ベーシックなアイテムを今っぽく仕上げるのが得意

Check!
バランスの難しい
ワイドパンツには
寸差のあるトップスで

Check!
スクエアかつ
濃い色のバッグが
全体のまとめ役

パンツ：HERITANOVUM
ニット：GALLARDAGALANTE
バッグ：ALLSAINTS
シューズ：NICHOLAS KIRKWOOD
バングル：YSL（ゴールド）
MADISONBLUE（シルバー）
腕時計：Louis Vuitton

Check!

15年前のランバン
マイヴィンテージを
旬のものでアップデート

Check!

ボーイッシュな
ベイカーパンツは
きれいめがマイルール

パンツ：MADISONBLUE
バッグ：HERMĒS
ニット：LANVIN
ブーツ：FABIO RUSCONI
パールネックレス：
AKIO MORI for LOEFF
ネックレス：MADISONBLUE
腕時計：Louis Vuitton

item 9

女度MAXのロングスカート

ワイドパンツ同様、体型カバーの強い味方がロングスカート。

大人にはミニ丈はNGと言いましたが、ではロングならどの丈が自分に合っているのかは鏡の前で検討してください。

ひざ下、どの長さが自分の脚を一番きれいに見せてくれるのか。姿見の前でスカートを上下させて試してみてください。ベストの丈がわかったら、**その丈のスカートだけを揃えればいい**のです。

ファッション業界の頂点にたつアメリカ版『ヴォーグ』の編集長アナ・ウィンター。映画『プラダを着た悪魔』のモデルとしても有名な彼女は、ひざ下丈のスカートが定番スタイルです。公の場ではこれ以外の丈を見ないと言うほど徹底しています。

あれもこれも似合う必要はない。

THIRD MAGAZINE
Chaos
ATON

Check!
ボタニカルなのに
シックなシャツ
ワントーンのリズムに

Check!
ロングスカートには
コンバースが
実は好バランス

シャツ：upper hignts
スカート：Chaos
バッグ：Mila Owen
シューズ：CONVERSE
ネックレス：AKIO MORI for LOEFF
バングル：CASUCA
腕時計：Louis Vuitton

自分に似合うバランスをきちんと把握して、そのスタイルを貫く。それこそが**おしゃれの本質**です。

また、丈だけではなくフレアー、ギャザー、タイトとシルエットによってバランスは大きく変わるので、これもどれが自分に合うのかをよく検討して。

上半身がふくよかで下半身が細いタイプはタイトスカートを、反対に下半身が上半身に比べて立派だという方はフレアーやギャザーが似合います。

POINT

1 ひざ下で自分に似合う丈を見つける。

2 体型に合ったシルエットを知る。

3 シューズをカジュアルにしてもバランスが取りやすい。

●お勧めブランド

・Whim gazette／フェミニンなアイテムが得意なセレクトショップ

・THIRD MAGAZINE／ショールームでは試着のみ。購入はオンラインという新形態のセレクトショップ

・Chaos／シルエットが美しく、どんな体型の人にも似合うアイテムが揃う

favorite
ブルーのシャツと
生成りの組み合わせは
ゴールデンコンビ
Check!
ハイウエストの
巻きスカートで
脚長を実現
シャツ：upper hights
スカート：ATON
バッグ：ZANCHETTI
パンプス：COS
バングル：Chloé、YSL
腕時計：Louis Vuitton

Check!
赤×黒のツイード
裾のベージュが
トップスとリンク!

Check!
きれいめコーデの足元は
超グリッターの
攻めたスニーカーで

スカート：THIRD MAGAZINE
ニット：UNTITLED
バッグ：ZANCHETTI
シューズ：Golden Goose
ネックレス：SEASON STYLE LAB
腕時計：Louis Vuitton

item

10

一枚で何度でも美味しいセットアップ

リモートワークも日常化し、いわゆる仕事着についてもかなりの意識転換を迫られています。

そんな今にぴったりのアイテムがセットアップです。かっちりしたスーツを着るよりもこなれて見え、また応用の幅が広いからです。

セットアップとは**トップスとボトムスがあらかじめセットになったもの**のこと。いわゆるスーツとは違って、セーター&スカート、ブラウス&パンツというように、**肩肘張らないスタイル**が基本です。

このセットアップ、ファッションアイテムとして登場したのは、比較的最近のこと。セットで作られていますが、もちろんバラ売りをしていることも多いので、どちらかだけを買うことも可能です。

とはいえ、もともと上下セットで着ることを前提にデザインされているの

Chaos
PLST

Check!

シルエットも着心地も抜群で
2万円を切った逸品
コスパ最高！

Check!

ニットのセットアップは
ケリーさんで
堅さと格上げを

セットアップ：PLST
バッグ：HERMĒS
ブーツ：FABIO RUSCONI
ネックレス：CASUCA
バングル：MARNI

で、**そのままの組み合わせで着ればたちまち今どきのシルエットとバランスが手に入る**優れものです。

ひとつのトップスに、スカートとパンツの両方がセットになっていることも多く、バリエーションも広がります。

トップスとボトムスは、あらかじめ色が統一されているのでそれを素直に着るだけでワントーンコーデが完成するのも魅力。同じ色やトーンで統一するワントーンコーデは、上品で落ち着いた印象を作りたいときにとても重宝します。

手持ちの服を組み合わせて、自分でワントーンコーデを作れそうに思えますが、黒や白などハイレベルな色の場合は特に、トップスとボトムスで素材感や光沢を変えていかないと、もっさり見えがち。

その点、セットアップはあえて上下で素材を変えているものがあったり、なによりシルエットのメリハリが考えられていたりするので、**誰が着ても失敗がありません。**

また、セットアップを着る時の**ポイントは小物使い**です。

柔らかなニットやテレンとした素材など、比較的リラックスした印象の素材が多いので、靴やバッグなどの小物でアクセントを作ること。

カッチリしたきれいめのバッグを持ってきたり、靴でヴィヴィッドな色をプラスしたりして、自分だけのスタイルを作っていきましょう。

こうしてワンシーズンにひとつセットアップのコーデを作っておくと、**着るものに迷った朝などの救世主**になります。

POINT

1 自分の体型に合ったデザインを選ぶ。

2 色がワントーンなので小物でリズムをつける。

3 旬のシルエットを選ぶ。

●お勧めブランド

・Chaos／身長や体型を選ばないオリジナルが多い

・PLST／手頃な値段で旬のスタイルを提案している

・Mila Owen／程良いプライスでスタイルアップがかなう

Check!
セットアップは
上下のラインが勝負
スッキリ見えるタイプを

Check!
優しい色は
一歩間違えるとボケがち
差し色で必ず締めて

セットアップ：Chaos
バッグ：ZANCHETTI
パンプス：i/288
ネックレス：Chaos
バングル：YSL（ゴールド）
MADISONBLUE（シルバー）
腕時計：VAGUE WATCH CO.

魔法の10枚の底力を知る

さあ、これで「魔法」の10枚はおしまいです。既に持っているものは、これまでにお伝えした基準で見直してみてください。ないものは、このアイテムを優先して少しずつ揃えていきましょう。

お気づきかと思いますが、この10枚はそれぞれ組み合わせることが可能です。

実は私が提唱している山際メソッドの核になる「大人のおしゃれは3パターンあればいい」は、ボトムス3パターンをフィックスして、それに合ったトップスをそれぞれ組み合わせるというもの。

そしてそれらが上下でシャッフルできるので、実は**3パターンが何倍のパターンにもなる**のです。

この10枚の中には

1 デニム
2 テーパードパンツ

3 ワイドパンツ
4 ロングスカート
5 セットアップのボトムス

と5パターンのボトムスが入っています。
このうちのひとつに

1 白シャツ
2 Tシャツ
3 ハイゲージニット
4 Vネックニット
5 ボーダー
6 セットアップのトップス

と、それぞれのトップスを組み合わせれば、ボトムス1本につき6つのパターンはできる計算に。

つまり**この10枚が揃えば、半年はゆうに過ごせる**ということに！

「魔法のアイテム」＝基本のアイテム。これらをまず揃えておくと、そこから先が遥かに楽になることを実感できるはず。

私の生徒さんたちも、まず手持ちの服でなんとかしようと奮闘しますが、やはり基本アイテムが揃っていないので、どうしてもコーディネートが垢抜けてきません。

ところが、そこに白シャツ一枚、レッドカードのデニムを一枚加えた途端、世界が変わります。それをきっかけに自分に似合うシルエット、色、バランスを習得していくというのがよくあるパターンです。

今まで見慣れてきた自分のバランスが、基本のアイテムを見直すだけでこんなに変わるんだという体験。この積み重ねがあなたのおしゃれを後押ししていくのです。

Chapter_2
プラスワンのアウター

さて、基本の10枚が揃ったら、
プラスワンアイテムに目を向けてみましょう。
トップスとボトムスというワンツーコーデを格上げしていく
重要なアウターたちです。

ジャケットは着崩してこそ

おうち時間が長かったり、お勤めしているわけではなかったりすると全く必要ないかと思われるジャケット。いえいえ、ジャケットはむしろ**カジュアルアイテム**としてこそ威力を発揮してくれます。写真のジャケットはそれぞれフェイクレザーのパンツと合わせてみたり、テレンとした光沢素材のスカートを持ってきたりと、いろいろに遊んでいます。**ジャケット＝フォーマルという既成概念を外して**もっと自由な着こなしを愉しんでみてください。とたんに活躍の場が限りなく広がるはず。

ジャケット：MADISONBLUE
ニット：HAUNT
パンツ：H&M
バッグ：ALLSAINTS
シューズ：ALAÏA
ネックレス：SEASON STYLE LAB

ジャケット：Chaos
セットアップ：Whim Gazette
バッグ：Maison Margiela
シューズ：Pretty Ballerinas
ブレスレット：PHILIPPE AUDIBERT
腕時計：Louis Vuitton

POINT

1. ジャケットは肩で着る 肩幅がジャストに合っているかどうかが肝に
2. 襟を立ててバランスを見る
3. 袖もたくし上げる

【お勧めブランド】
・MADISONBLUE／オーセンティックな美しいシルエットが大人
・Chaos／ジャケットからスタートしたブランドでカッティングがきれい

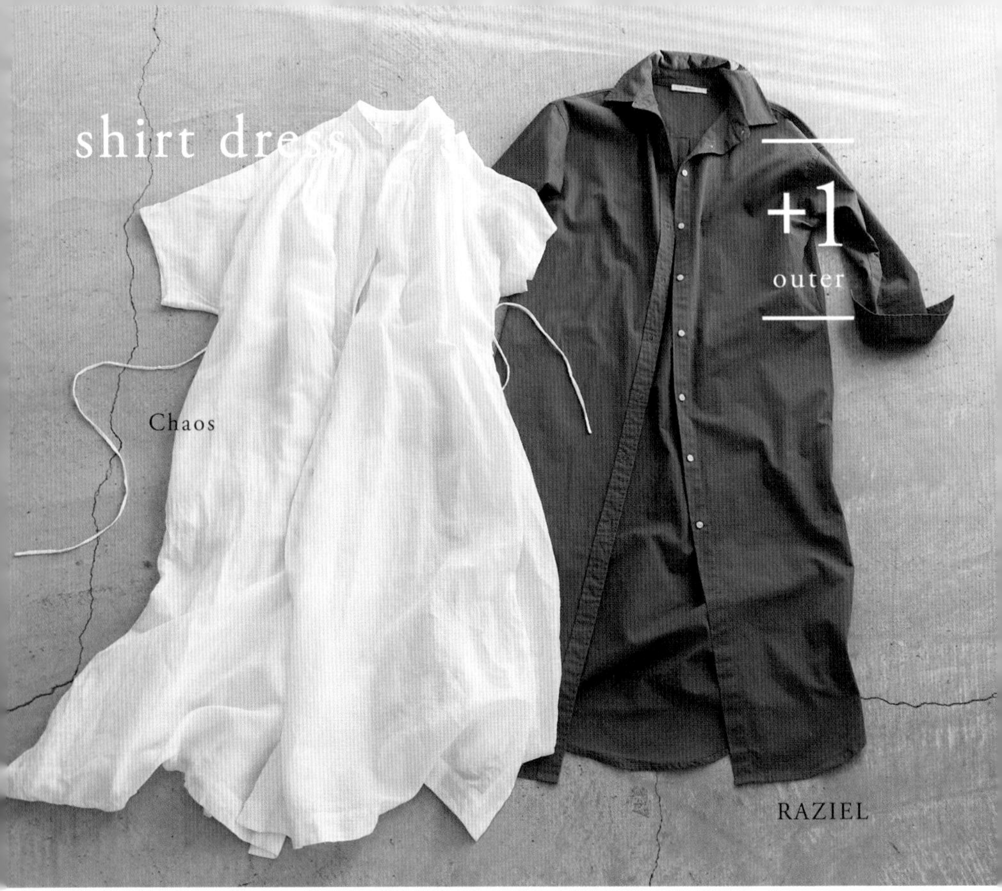

シャツワンピは羽織と心得よ

シャツがそのままロング丈になったシャツワンピース。それ一枚でももちろん着られますが、**羽織りものとして着る**と、身体のラインを拾わず、スマートに見えます。ボトムスはパンツにするとスッキリ見えますが、プリーツスカートなどで**下にボリュームを持ってくるのも新しいバランス**です。丈はなるべく長めの方が直線効果をアップしてくれるのでお勧めです。大人度を上げるならベーシックカラーをチョイスして。無地ではなくストライプ柄のシャツワンピの場合は、細めのピッチにするのも忘れずに。

シャツワンピース：Chaos
ニットセットアップ：Chaos
バッグ：Maison Margiela
サンダル：A.EMERY
ネックレス：Harpo
腕時計：Louis Vuitton

シャツワンピース：RAZIEL
Tシャツ：COS
デニム：RED CARD
バッグ：weeksdays（ほぼ日）
パンプス：HALMANERA
ネックレス：SEASON STYLE LAB

POINT

1 柄物ではなく、シンプルなベースカラーを選ぶ

2 丈もなるべく長めがお勧め

3 裾までボタン留めの方がコートのように羽織れて便利

【お勧めブランド】
・Chaos／羽織りものも毎シーズン必ず見つかります
・Curensology／リラックスした大人のアイテムが得意

実はフェミニンに振れるライダース

ちょっとハードなイメージのあるライダースですが、実はスカートやワンピースと合わせて着ると**甘辛バランス**が取れて、大人の着こなしに。

デザイン的にはハードになりがちな襟付きのものより、**襟なしのタイプ**が汎用性が高くお勧めです。本革だとお値段が張りますが、昨今では**エコレザー**と呼ばれるいわゆる合皮のライダースが手頃なお値段でたくさん出ているので、これで充分。雨の日も気軽に着られますし。PLSTが毎年発売する合皮のライダースは1万円台でとても重宝します。

ライダース：PLST
ニット：SLOANE
パンツ：BERNARD ZINS
バッグ：CHANEL
パンプス：Gianvito Rossi
リング：CASUCA

ライダース：PLST
Tシャツ：SLOANE
スカート：upper hights
バッグ：ZANCHETTI
ミュール：PELLICO SUNNY
ネックレス：CASUCA
腕時計：Louis Vuitton

POINT

1. 一枚目ならまず黒を狙う
2. 襟なしタイプが着回しが効く
3. エコレザーは
お値段も可愛くお勧め

【お勧めブランド】
・PLST／毎シーズン、デザインを
変えながら1万円台で登場
・upper hights／本革の本格派が
好みという方はこちらを

Aquascutum(Vintage)

10年は着倒すトレンチ

間違いないアウターをひとつというなら、迷うことなくトレンチを揃えたい。適度に身体にフィットするトレンチは一枚持っておくと**甘辛どちらのスタイルも作れて**とても便利。

着倒すほどに体になじんで味が出てくるアイテムでもあるので、**じっくり育てる**つもりで、ある程度の出費は覚悟してでも手に入れたいです。

色はベージュが基本ですが、カーキ、ネイビー、ブラウンなど変化球もあり印象も変わります。ライナー付きのタイプなら、3シーズン使える万能アウターに。

コート：Aquascutum(Vintage)
ブラウス：UNIQLO
スカート：UNIQLO
バッグ：PRADA
パンプス：Gianvito Rossi
ピアス：Bon Magique
腕時計：Louis Vuitton

コート：Aquascutum(Vintage)
ニット：SLOANE
デニム：upper hights
バッグ：HEREU
シューズ：FABIO RUSCONI
ネックレス：Harpo

POINT

1 丈はひざ下、できるだけ長めで

2 ボトムスに合わせてボタンやベルトの留め方を工夫して

3 顔映りのいい色を選ぶ

【お勧めブランド】
・Aquascutum／言わずと知れたトレンチの王道
・Burberry／こちらもメイドインイングランドの定番
・beautiful people／特に身長の低い方にお勧め

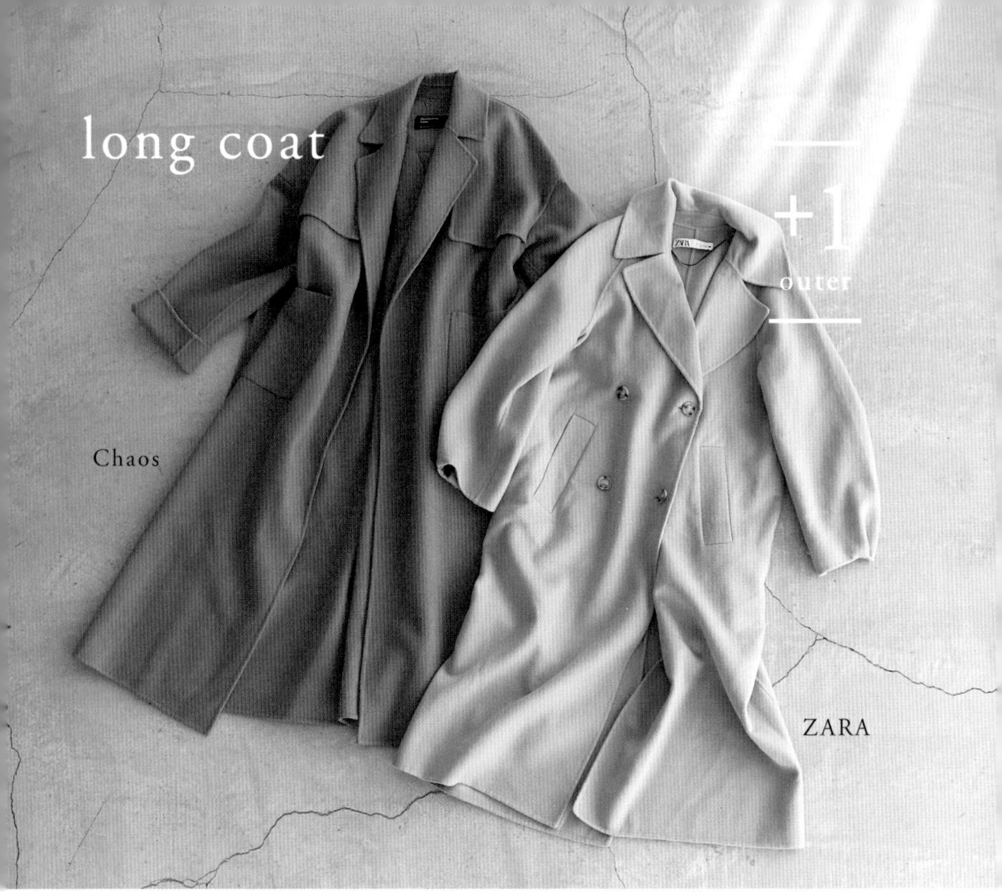

ロングコートは黒以外を持つ

オーバーコート、特にロングは黒や紺といった暗い色から脱却して、明るいトーンの色にすると**一気におしゃれ上級者**に見えます。なにより、暗い色が多くなる冬の街で、いい意味で目立ち、自分の気分も上がるので買い足すなら、ぜひきれい色を狙って。

色に挑戦する場合は、**プチプラブランドからチョイス**するのもお勧めです。数年限りと割り切って、存分に愉しむか、長く着られるタイプに投資するか。後者の場合は、**ニュアンスカラーのベーシックなデザイン**を狙うのが正解です。

コート：ZARA
ニット：ANSPINNEN
デニム：upper hights
バッグ：HERMĒS
シューズ：FABIO RUSCONI
ピアス：Bon Magique

コート：Chaos
ニット：THIRD MAGAZINE
スカート：THIRD MAGAZINE
バッグ：HERMĒS
パンプス：i/288
ピアス：Hirotaka

POINT

1 ロングコートは黒、紺以外を選ぶ

2 シルエットは長くゆったりめを

3 冒険色はプチプラを活用

【お勧めブランド】
・Chaos／良質のコートが比較的リーズナブルに手に入る
・ZARA／旬の色、シルエットをプチプラで

Yamagiwa Method

★

山際メソッドで変身!
親のための〝花柄〟と決別。自分らしさを取り戻して

Before　After

富田栄子（とみた えいこ）さん 52歳

「何かおかしいと思いながらも、漫然と花柄を身につけていました」。仕事柄、かっちりスーツはお手のもの。性格は家族も認めるサバサバ系。ところが一転、休日のおしゃれとなると…。そんな違和感に決着をつけるべく山際メソッドに挑戦。自分のスタイルを探るレッスンでピンときたアイコンは〝板谷由夏〟(※)だった。さっぱり辛口な着こなしなのに女性らしい佇まいに憧れ、人生初のカーキやモノトーンを取り入れながら辛口コーデを体得する中、変化が内面に影響するのを感じた。「身なりと一緒に心も整い、仕事と人生に余裕が生まれました」。花柄は断捨離、でも全然寂しくない!「今思えば、花柄好きな母への孝行のつもりだったのかも…。でも自分のためのおしゃれのほうが、よっぽど価値があると気づきました」

※詳細はP.144にて解説

Chapter

3

ワンシーズン10着で輝く方法

LESSON | 1

大人のおしゃれが3パターンでいい理由

『フランス人は10着しか服を持たない』という本がヒットしましたが、あなたは毎シーズン何着の服でコーディネートしていますか？

これに即答できる人はまずいないと思います。

試しにこれから**3ヶ月で必要な服の数**を数えてみましょう。

1 トップス 「　枚」
2 ボトムス 「　枚」
3 アウター 「　枚」
4 ワンピース 「　枚」

など、実際に着る予定の服を想定して数をいれてみてください。

これはある年の春夏の私の実際のパターンです。

1 トップス　6枚　シャツ3／ボーダー2（アンサンブル）／Tシャツ1

2 ボトムス　3枚　紺スカート／カーキベイカーパンツ／グレーデニム

3 アウター　1枚　ブルージャケット

合計10着になりました。

本当にそれだけで足りるのか？　とお思いのことでしょう。

実際のコーディネートはこのあと詳しく展開していきますが、厳選した洋服を、シャッフルする感覚で考えていくと、まるでゲームのようにさまざまなコーディネートが思い浮かぶようになります。

たった10着で？　いや、10着だからこそ、迷うことなく組み合わせができるのです。

それをマスターするために、まず最初にやることは**ワンシーズン3パターンのコーディネートのフィックス**です。

でもどうやって？

では、いよいよその組み立て方をマスターしていきましょう。

春夏の10アイテム

spring summer items

1 MADISONBLUE

2 PLAN C

3 MUSE de Deuxiéme classe

4 Frank&Eileen

5 MADISONBLUE

6 MUSE de Deuxiéme classe

7 BOOK SHELF

8 MADISONBLUE

9 MADISONBLUE

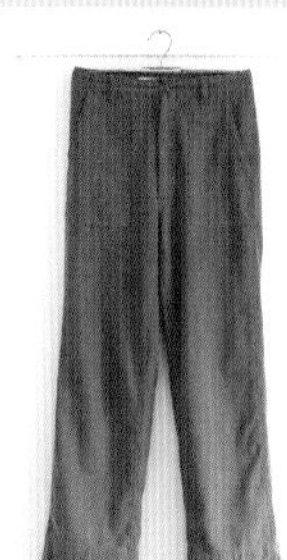

10 upper hights

右ページのアイテムを使った
基本の3パターン春夏編

Basic 3 遊び

Basic 2 カジュアル

Basic 1 きれいめ

クラッシュ入りのグレーデニム

後ろの裾にクラッシュのスリットが入ったスリムなデニム。色がグレーと落ち着いているので、大人にも似合う一枚。赤いパンプスで更なるパンチを効かせて。

バッグ：ZANCHETTI
シューズ：i/288

カジュアルの代表ベイカーパンツで

パン屋さんのパンツに由来するベイカーパンツ。ちょっとワイドながらハイウエストでスタイルアップ。トップスは、あえてフリルのブラウスで。

バッグ：ZARA
シューズ：Daniella & GEMMA

シックなネイビーのロング丈のフレアー

きれいめのボトムスは、ネイビーのフレアーをチョイス。たっぷり尺を取ったドラマチックなスカートをショート丈のジャケットでハンサムに。

バッグ：ZANCHETTI
シューズ：CONVERSE

LESSON 2

体型別ボトムスの揃え方

この3パターンを作る時に、**ベースとなるのはボトムス**です。なぜなら**40歳以上の女性の体型の悩みは下半身に集中する**からです。一番の難関であるボトムスを最初にフィックスしてしまえば、コーディネートは驚くほどスムーズに決まっていきます。

基本のボトムス3着はパンツとスカートがどんな組み合わせでも構いません。生徒さんの中には、自分の体型を知って「スカートしか穿きません」と3着ともスカートにする方もいます。もちろんパンツだけでもいいですし、スカートとパンツのバランスを季節ごとに変えていく愉しみ方もあります。

その際、「自分の体型に合った」「最良のチョイス」をするのが肝要です。

私は体型を大きく3つに分けています。

A型：上半身がスリムで下半身にボリュームがある
V型：下半身がスリムで上半身にボリュームがある
I型：そのどちらでもなく、上下のバランスが同じ

それぞれ**アルファベットの形状と同じバランスの体型**なので、わかりやすいと思います。さあ、あなたはどの体型ですか？
それぞれの体型に合うボトムスのシルエットは

A型：スカート　フレアー、ギャザー
パンツ　テーパード、ワイド
V型：スカート　タイト
パンツ　テーパード、スリム
I型：スカート　タイト、フレアー、ギャザー
パンツ　テーパード、スリム、ワイド

まず、この法則に従って自分に似合うボトムスを3点フィックスしましょう。

私の体型はI型。そしてこの年チョイスしたボトムスはこの3着でした。

Bottoms

コーディネートの要、ボトムスをまず3パターン揃える。

10　　9　　8

Basic 3
遊び

大人の遊び心をくすぐるアッパーハイツのデニム。ブルーや黒では表現できない、大人なグレーの色出し。ほどよいダメージ具合で遊びにエントリーした。

upper hights

Basic 2
カジュアル

カーキのパンツは、カジュアルに振りたい時に真っ先に手がのびるタイプ。後ろポケットが、ヒップ周りをカバーしてくれるデザインにも惹かれた。

MADISONBLUE

Basic 1
きれいめ

マディソンブルーのフレアースカート。アシンメトリーな丈で、穿いた時のシルエットが抜群に美しい。どんなトップスも受け止める色とフォルムで即決。

MADISONBLUE

では、3パターンそれぞれの
バリエーションを見ていきましょう。

Basic 1

8

variation
1

4

シンプルな白シャツをトップスに。スカートにドラマがあるので、色味はシンプルなのにロマンチックなシルエットに。赤のパンプスをアクセントに。

バッグ：ZANCHETTI
シューズ：i/288

variation
2

2

トップスをフリル付きブラウスにチェンジ。カーキ×ネイビーのゴールデンコンビ。バッグもカーキに寄せて大人度をアップ。そして赤の足元で外す。

バッグ：ZANCHETTI
シューズ：i/288

variation
3

6

ボーダーアンサンブルのセーターのみトップスに。カジュアル感があるセットに変わる。首元に花柄のスカーフをインしてちょっとだけフェミニン。

バッグ：ZANCHETTI
シューズ：Daniella & GEMMA

Basic 2

variation
4

Basic 1のシャツとジャケットをトップスに。丈のバランスも良く、ほどよくフォーマルに。シューズはコンバースにしてカジュアル度を保って。

バッグ：ZARA
シューズ：CONVERSE

variation
5

ここでも白シャツは大活躍。間違いなく似合うコーデだが、このままでは単調なので、ボーダーカーディガンをアクセントに。金ボタンも大事なディテール。

バッグ：ZARA
シューズ：Daniella & GEMMA

variation
6

ロゴ入りTシャツはひとつあると便利。パンツと同系色でワントーンコーデに。ロゴの白抜き文字が重要なアクセント。袖をひと折りするのも忘れずに。

バッグ：ZANCHETTI
シューズ：i/288

ボトムス3着をスタートに、
10着で12パターンができました！

Basic 3

variation 9

プラスTシャツのカジュアルに振り切ったコーデ。バッグもニコちゃん刺繍の遊びを入れ、シューズのみ赤のパンプスで、きれいめ要素をかけ算して。

バッグ：OPEN EDITIONS
シューズ：i/288

variation 8

これもBasic 1のシャツ＆ジャケットのコンビをそのまま合わせたもの。カジュアルなデニムを格上げするには、トップスや小物をきれいめに。

バッグ：ZANCHETTI
サンダル：Daniella & GEMMA

variation 7

フリルブラウスは地色がカーキなので甘口に寄りすぎずデニムとも好相性。3パターンのどのボトムスにも馴染み、それぞれ違った印象を作れる優れもの。

バッグ：ZARA
シューズ：CONVERSE

LESSON 3

テイストの違う3枚のボトムスを揃える

前ページまでのように、少ない枚数でコーディネートの幅を広げる最大のコツは**フィックスするボトムスのテイストを変える**ことです。

1 きれいめ
2 カジュアル
3 遊び

この3つのテイストを1着ずつ揃えてください。同じ3パターンでも、どれもがきれいめのタイトスカートやパンツだと印象はワンパターンに。でも、これが3つのテイストに分かれていれば、トップスはシンプルなままでも違った印象を与えることができるのです。

LESSON | 4

ボトムスは遊んでも、トップスはシンプルに

126ページでチョイスした6枚のトップスをご覧いただくと、シャツやアンサンブル、Tシャツと、とても**シンプルなものばかり**が並んでいるのがわかると思います。これこそがコーディネートの幅を広げ、トップスとボトムスのシャッフルを可能にする秘けつなのです。

シーズン頭のショッピングでは、どうしても華やかなトップスに目が行き、しかもデザインや色にひと癖あるものを選びがちです。でも、これをやるとそのトップスに合うボトムスが限られ、結果全く出番のないまま何年も忘れ去られるということになりがちです。

しかし、Tシャツや白シャツ、シンプルなニットなどであれば、ボトムスに何が来てもしっくりと合っていきます。

秋冬の10アイテム

autumn

winter

items

1 Chaos

2 MADISONBLUE

3 THIRD MAGAZINE

4 SLOANE

5 HAUNT

6 THIRD MAGAZINE

7 ANSPINNEN

8 Chaos

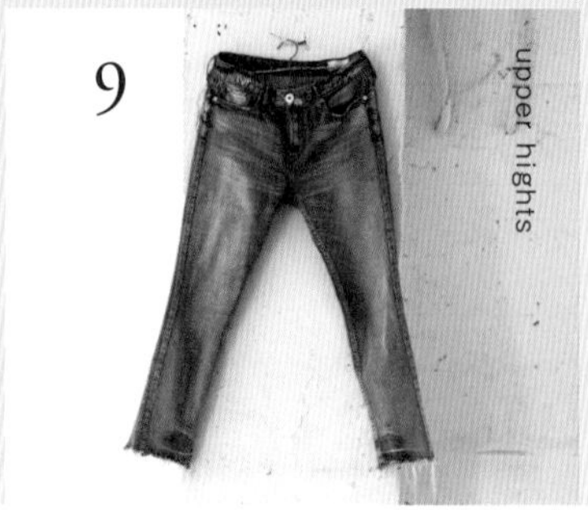
9 upper hights

10 THIRD MAGAZINE

では、秋冬バージョンはどうでしょう？
これもまず基本の3パターンからご覧ください。

Basic 3
遊び

フェミニンな
マーメードスカート

ニットのマーメードスカート。ショート丈カーディガンとのセットアップです。フェミニンな素材とシルエット。足元の赤や大きめのバッグでバランスを。

バッグ：ESCADA
シューズ：i/288

Basic 2
カジュアル

春夏と同じデニム
秋仕様にするには

春夏に登場したのと同じデニム。季節をまたいで同じボトムスを選択するのも、もちろんアリ。ニットの合わせやショートブーツで秋仕様にコーディネートを。

バッグ：HERMĒS
シューズ：FABIO RUSCONI

Basic 1
きれいめ

スリムな黒のパンツ
スーツできれいめに

きれいめコーデは、黒のパンツスーツで。黒のハイゲージVニットをインナーに、ペンダントと靴のスタッズのシルバーできらめきを添えます。

バッグ：Maison Margiela
シューズ：Church's

秋冬も同じように10着で基本の3パターンのコーディネートを組んでいきます。そして、やはり同じようにそこからバリエーションを作っていきます。

春夏と同じようにボトムスを起点としたバリエーションが3パターンずつ、合計12パターンありますす。アイテムの内訳は

1 トップス 「4枚」 黒リブセーター、グレーカーディガン、アイボリータートル、エンジハイゲージタートル

2 ボトムス 「3枚」 黒テーパード、グレーデニム ニットマーメードスカート

3 ジャケット 「1枚」 黒テーラード

4 ポンチョ 「1枚」 ウールポンチョ

5 アウター 「1枚」 チェックロングコート

やはり10着なのです。

秋冬も同じ！　ボトムスを起点にしながら
トップスでバリエーションをつける。

Basic 1

variation 3

トレンドのポンチョを羽織る。黒のハイゲージニット×黒テーパードパンツのブラックコーデは、アウター次第でこのようにイメージが自在に変えられる。

バッグ：ESCADA
シューズ：Church's

variation 2

ざっくりローゲージのタートルニットをトップスに。きれいめパンツが一気にリラックスして見える。アニマル柄のビッグクラッチがほどよいアクセントに。

バッグ：ESCADA
シューズ：FABIO RUSCONI

variation 1

ジャケットをチェックのロングコートにチェンジ。マキシ丈のコートはかなりラフな印象に変わるので、クラシックなきれいめバッグでバランスを取る。

バッグ：HERMĒS
シューズ：FABIO RUSCONI

Basic 2

variation
4

春夏でも展開したジャケット×デニムのスタイル。秋でもジャケットの袖口を折り返し着崩していくのが正解。ペンダントのシルバーがアクセントに。

バッグ：Maison Margiela
シューズ：Church's

variation
5

ローゲージニット×デニムのリラックススタイル。淡い色同士の組み合わせがまた新鮮。カッチリきれいめなバッグを持ってきてカジュアルを格上げする。

バッグ：Maison Margiela
シューズ：Church's

variation
6

チェックのロングコートはここでも活躍。トップスのエンジ、ボトムスのグレーをまとめるのは、チェックの中にも配色されている黒のバッグ＆シューズ。

バッグ：HERMĒS
シューズ：FABIO RUSCONI

Basic 3

10

variation
9

6 2

Basic 3のセットアップに、グリーンのポンチョをオン。シックな色合いのコーデに。ウエストの細いベルトが、目線を上に誘導して脚長に見える効果が。

バッグ：HERMĒS
シューズ：FABIO RUSCONI

variation
8

7

ざっくりニットをフェミニンなスカートにオン。同じニット素材なので柔らかいコーディネート。アニマル柄のビッグクラッチで甘辛バランス。

バッグ：ESCADA
シューズ：FABIO RUSCONI

variation
7

4 1

フェミニンなマーメードスカートもジャケットをオンすればこの通り。カッチリジャケットがスカートのフェミニンさを際だたせて、大人のスタイルに。

バッグ：Maison Margiela
シューズ：Church's

LESSON | 5

あなたがなりたいのは井川遥？ 石田ゆり子？

こうして10着で基本の3パターンをあらかじめ完成させておけばバリエーションも簡単。毎日のおしゃれが格段に楽に、愉しくなってきます。

ワンシーズン、つまり3ヶ月で3パターンというと少なく感じるかもしれませんが、たったの12週間。あっという間に過ぎてしまいます。なにしろ3パターンが実は12パターンにふくれ上がるのですから！

繰り返しますが、わずか10着で、です。

体型に合った、見る度、着る度にワクワクするアイテムだけを厳選して揃えれば、**あなたのおしゃれ度がアップする**ばかりでなく、その繰り返しの中で**あなたのスタイルができていきます**。

洋服を厳選する中で、いったい自分がどんなおしゃれがしたいのか、おしゃれにおける自分のキャラが深掘りされていくからです。

下のグラフを見てください。おしゃれのベクトルを縦軸と横軸に取ってみました。

縦はきれいめとカジュアル。横は辛口と甘口。**あなたの立ち位置はどこですか？**

もっとわかりやすくするために、それぞれにいくつかキーワードも入れてみました。ピンときたキーワードにいくつでも○をつけてください。

直感で何も考えずにどうぞ。○の数が多かったところがあなたのおしゃれキャラです。

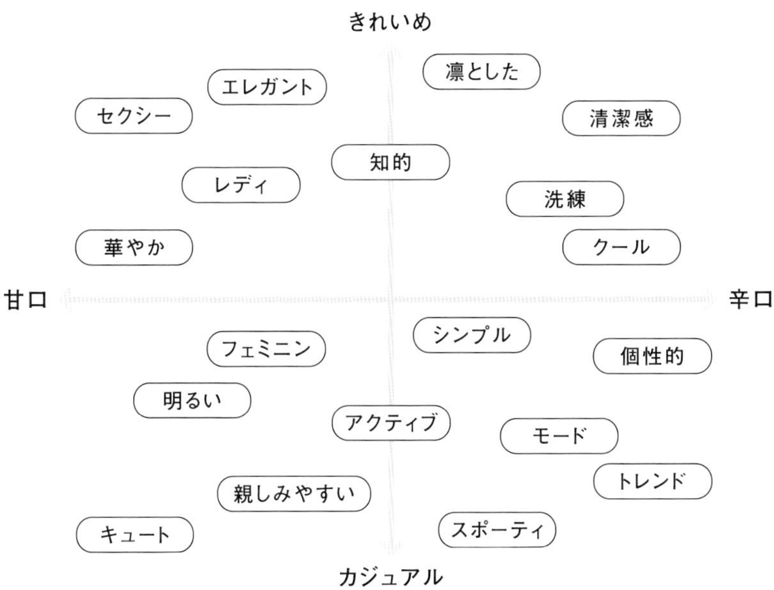

LESSON 6

3パターンのキーアイテム「遊び」のボトムスって何？

先ほどの表にさらにわかりやすいようにイメージする女優さんとファッションのキーワードを入れてみました。

さあ、あなたのイメージと重なっているでしょうか？

自分の目指すイメージが明確になると、**ショッピングやコーディネートに迷いが少なくなります。**目指す女優さんやキーワードをぜひ、活用してみてください。

さあ、キャラも決まって「3パターン」のレッスンもいよいよ大詰めに。ここで生徒さんがつまずくのが「遊び」のボトムス選びです。「きれいめ」の代表はたとえばスーツ、「カジュアル」ならデニムとどなたにもイメージしやすいのですが、「遊び」となると、とたんに選ぶ手が止まってしまう。しかしそもそも**ファッションにおける「遊び」**とは何なのでしょう？
　ボトムスに限らず、デザインを構成する要素は

・色柄
・素材
・シルエット

の3つに集約されます。つまり、このどれかで遊んでいればすなわちそれが「遊び」のアイテムになります。例えばタイトスカート。黒やネイビーといったベーシックな色なら「きれいめ」ですね。でもこれがピンク（色）だったり、レザー（素材）だったり、後ろだけフリルがついていたり（シルエット）すれば、「遊び」にエントリーできます。ではさらに具体的に見ていきましょう。

色柄で遊んだボトムスの例

ワイドパンツ、テーパードパンツそれぞれの例。形はオーソドックスですが、色に「遊び」があります。このように「遊び」の要素を色で取り入れる場合は、**シルエットはオーソドックス**なものを選ぶと違和感がありません。

color

GALLARDAGALANTE

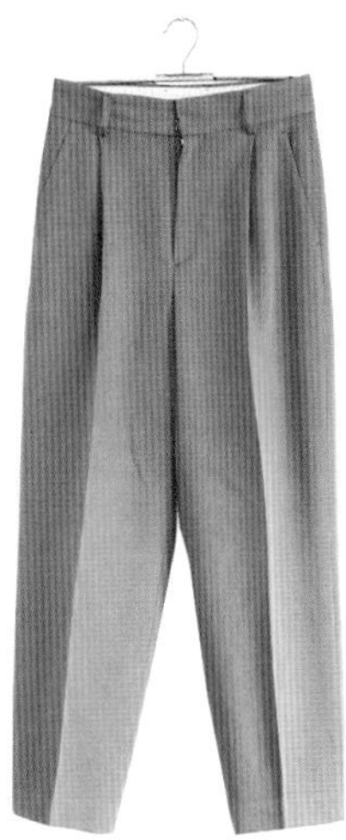

6

ピンクのテーパードパンツ
グリーンのワイドパンツ

これが黒や紺だったら「きれいめ」のボトムスとしてエントリーできるデザインです。しかしながら、色がピンクやグリーンに変わると、たちまちハードルが高くなる。色だけ見て選ぶにはちょっと勇気がいりますが、形がオーソドックスであれば着こなせる気がしてきませんか？

素材で遊んだボトムスの例

ツイード、レザー、光沢生地と素材のニュアンスが愉しいボトムスです。素材が違うだけで、**装いに質感というアクセントが生まれます。**色柄で遊ぶ時と同様、シルエットはシンプルなものにすると、上手くまとまります。

material

どんな表情を帯びるかは どんな素材を使うかで決まる。

光沢のある素材を使えばツヤ感がプラスされます。ツイードなら織りなす色によって表情が深まる。レザーは最近では環境に配慮したエコレザーや洗えるレザーまで登場。おしゃれの可能性はどんな素材を使うかで無限に広がっていきます。素材の遊びを取り入れればおしゃれは上級！

シルエットで遊んだボトムスの例

「遊び」のボトムス選びでトライしやすいのが**トレンドを反映した旬のシルエット**。これが一枚入ると途端に手持ちのアイテムが新鮮に蘇ります。トレンドは追うのではなく、こうやって活用しましょう。

form

Whim Gazette　MADISONBLUE　HERITANOVUM

旬を取り入れるなら シルエットで遊んで

巻きスカート、超ワイドパンツ、ロングフレアースカートなど、そのシーズンのトレンドを反映したシルエットを一点投入するだけで、おしゃれは退屈からワクワクに変換。いつも無難な服に逃げがちなら、勇気を出してワンシーズンに1着でいいので、その時の旬のシルエットにチャレンジしてみて。

LESSON | 7

似合う色と好きな色が違う

最後は似合う色の見つけ方です。似合う色とは、自分の肌色をきれいに見せてくれる色。見分け方は簡単です。なるべく新しい百円玉と五円玉を用意して、手のひらに載せてどちらの色が肌に馴染むかを見てください。百円玉が馴染む人はブルーベース、五円玉が馴染む人はイエローベースです。

・ブルーベースが似合う色　ブラック、ネイビー、グレー

・イエローベースが似合う色　ベージュ、ブラウン、カーキ

さあ、あなたはどちらでしたか？　自分に似合う色をトップスに持ってきましょう。では、似合わないけど好きな色は？

顔から離れたボトムスであれば問題ありません。また、面積の小さい靴やバッグといった小物で活用するのもお勧めです。好きな色と似合う色、上手に使い分けてくださいね。

Yamagiwa Method

★

山際メソッドで変身！
臆病な昭和の主婦がアクティブな令和マダムに

松栄千恵（しょうえい ちえ）さん 70歳

Before

→

After

せっかくのV型体型を覆い隠すワンパターンな服でやり過ごしてきた半生。〝このまま年を重ねたくない〟という漠然とした不安とともに山際メソッドに挑戦した。「人生初のVネック！ 上半身をきれいに見せるデザインがあると知った時の感動は忘れられません」。細身の下半身に合う優雅なスリットスカート、白い肌が映える色選びと、コンプレックスを魅力に変換する新基準を次々と獲得していく。「誰に会うわけでもない家の中なのにおしゃれをしたら元気が出たんです」。おしゃれの威力を思い知った自粛期間を経て、現在。「知らない場所に1人で行けないほど臆病だった私がすっかり行動的に。70歳で新しい資格も取得。キャラが変わったと夫が驚いていますが（笑）、今の私が本来の自分かもと感じています」

Chapter

4

靴&バッグも ワンシーズン ベストな3個あればいい

LESSON 1

おしゃれも俯瞰力
靴やバッグをないがしろに
していませんか？

コーディネートと聞いて、あなたはなにを思い浮かべますか？

トップスとボトムスを組み合わせ、はい、おしまい！　というのがおしゃれに苦手意識のある方の特徴です。

「靴はどうするの？　バッグは何を持つの？」と私に聞かれ、はっとする。

トータルでおしゃれを組み立てるという意識、習慣がないのです。

トップスとボトムスがどんなに素敵なコーディネートでも、合わせる靴やバッグが全く考えられていなければ、あなたが素敵に見えることはありません。

ファッションはトータルで見るもの。

靴、バッグそしてアクセサリーまでも含めて俯瞰して見て初めて完成するのです。この章では**少ない小物で効果的にスタイルを作るためのノウハウ**をお伝えしていきます。

LESSON | 2

テイストの違うベストな3個を選ぶには

前章で、コーディネートの起点となるボトムスを3つの違ったテイストで揃えるようにお願いしました。

- きれいめ
- カジュアル
- 遊び

このルールは、実は**靴やバッグを揃えるときにも同じ**です。
例えば上下きれいめコーデのスーツに、あえて遊びのバッグを合わせる。
反対にカジュアルコーデにきれいめのパンプスを持ってくるというように、**洋服と小物をあえて異なるテイストで掛け合わせる。**
そのいい意味での〝外し〟がおしゃれを何倍にも進化させてくれるのです。

ではまず靴の例から見ていきましょう。

pattern 1

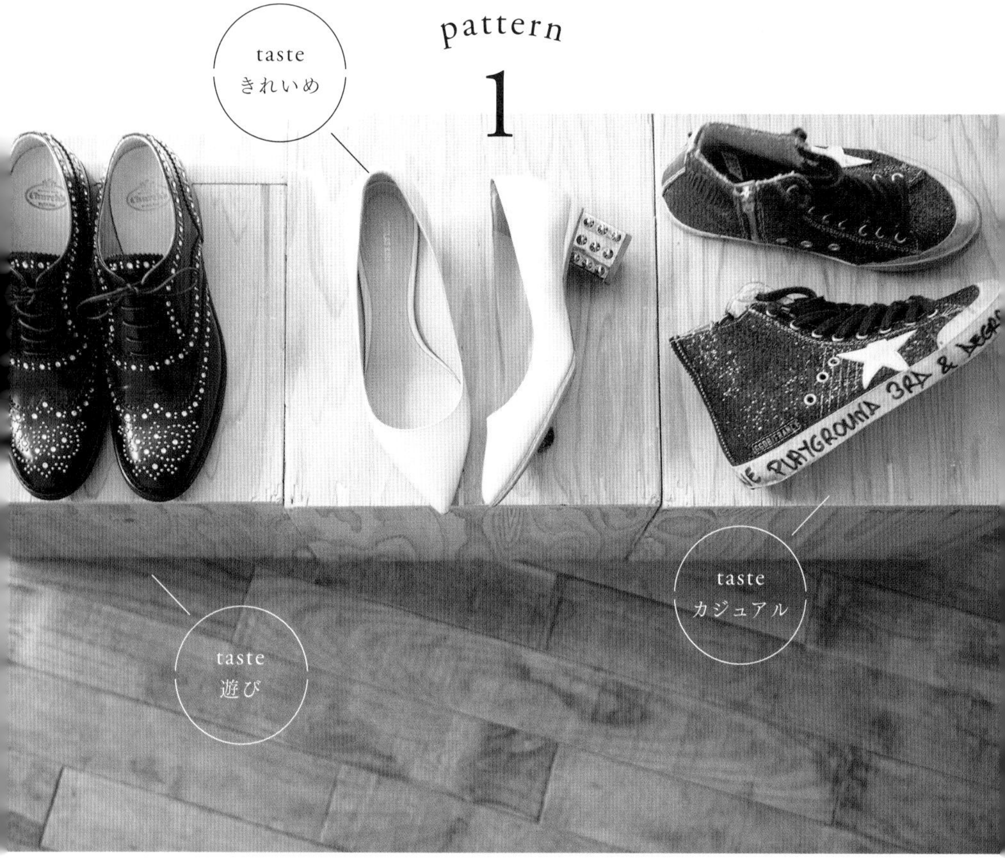

紐つきの「おじ靴」実は万能選手
(Church's)

憧れのチャーチの紐靴。運よくセールで巡り合って即買いしました。スタッズのきらめきが、真面目な紐靴を「遊び」に引き上げてくれる。

ヒールに遊びのある白のパンプス
(NICHOLAS KIRKWOOD)

きれいめ代表はなんといってもパンプス。とりわけ白は足元に抜け感を作る立役者。ポインテッドトウをチョイスすればスタイルアップはお約束。

赤いグリッターのハイカット
(Golden Goose)

イタリア発のスニーカーブランド、ゴールデングース。一見派手な赤のグリッターですがシックなコーデの外しに大活躍します。

pattern

2

チャンキーヒールの履きやすいパンプス
(COS)

毎シーズン必ずといっていいほどエントリーする白のパンプス。こちらはコスパブランドCOSのもので、ヒールがおしゃれな上、履き心地も抜群。

マルチに活躍する白のコンバース
(CONVERSE)

こちらはメイド・イン・ジャパンのコンバース。足型が日本人に合っているのでとても履きやすい。ロングスカートの〝外し〟としてマルチに活躍。

足元に遊びをプラス花柄のバブーシュ
(Salvatore Ferragamo)

真っ赤に咲き誇る大輪の花。こんなシューズがくるだけでシンプルなワントーンのコーデもたちまち華やかに。面積の小さい靴ならではの冒険技。

色柄
で遊ぶ

真っ白なショートブーツ
(Daniella & GEMMA)

赤スエードのパンプス
(i/288)

素材
で遊ぶ

グリッターのハイカット
(Golden Goose)

スタッズ付きの紐靴
(Church's)

シルエット
で遊ぶ

編み上げ風デザインで
(Pretty Ballerinas)

メッシュのデザインがポイント
(PELLICO SUNNY)

靴の場合「きれいめ」の代表はパンプスですね。これに対して「カジュアル」はスニーカー。「遊び」はボトムスの時と同様、**色柄、素材、シルエットのどれかに遊びがあるもの**を入れます。

右ページは遊びの靴の例をこの3つのパターンで分けてみたものです。面倒なルールはありません。

大切なのは、毎シーズン**テイストの違う3足をエントリーさせて、それをシャッフルしていく**ということ。同じコーディネートでも、靴が替わっただけで印象は180度変わるもの。その変化を愉しみましょう。

また、スタイルアップして見せたいときの靴選びにはひとつポイントが。それは靴先です。丸いタイプより先がとがった**ポインテッドトウ**を選ぶと足元がシュッとしてきれいに締まります。

特にデニムなど、カジュアルなボトムスの場合にはこのポインテッドトウをもってくると、そのギャップでたちまちおしゃれ度がアップ。反対にコンバースのようなカジュアルな靴は、ロングスカートやきれいめなトップスなど正反対のコーディネートの外しとして使うと、こなれた抜け感が出ます。

LESSON 3

無限の可能性。バッグの3パターン

大きさ、色、素材、フォルムでいかようにもイメージが作れるバッグ。コーディネートの仕上げ役として大事な存在です。しかし、これもたくさん持つ必要はなく、**毎シーズンテイストの異なる3パターンのバッグを厳選**していきましょう。

何度も繰り返しますが

- きれいめ
- カジュアル
- 遊び

の3パターンでそのシーズンを構成していきましょう。

これは全てのアイテムに共通することですが、もちろんシーズンごとにすべてを新調する必要は全くなく、3つのうちひとつだけを前のシーズンから変えてみる、ということで全然かまいません。

また靴は、足に合わないものを履いていると健康にも関わってくるためある程度の投資を覚悟して欲しいのですが、バッグに関しては全てを一定のクオリティで揃える必要はないと思います。

「きれいめ」のバッグについては長く使えるタイプを選び、「カジュアル」なら布のトートバッグでもアリです。また「遊び」のバッグについてはトレンドともリンクしてきて寿命が短い可能性もあるので、**ZARAなどのプチプラで選ぶ**のも賢いお買い物です。

歳を重ねるにつれ靴はもちろんですが、バッグに求める条件も大きく変わっていきますよね。靴ならハイヒールから**スタイルアップして見えるフラットな靴にシフト**していく。

バッグはどうでしょう？　そう、**重たいバッグはもうさようなら**。軽くて機能的でしかもおしゃれ。そんなバッグとじっくりお付き合いしたいですね。

ではバッグの3パターンの例を見ていきましょう。

pattern 1

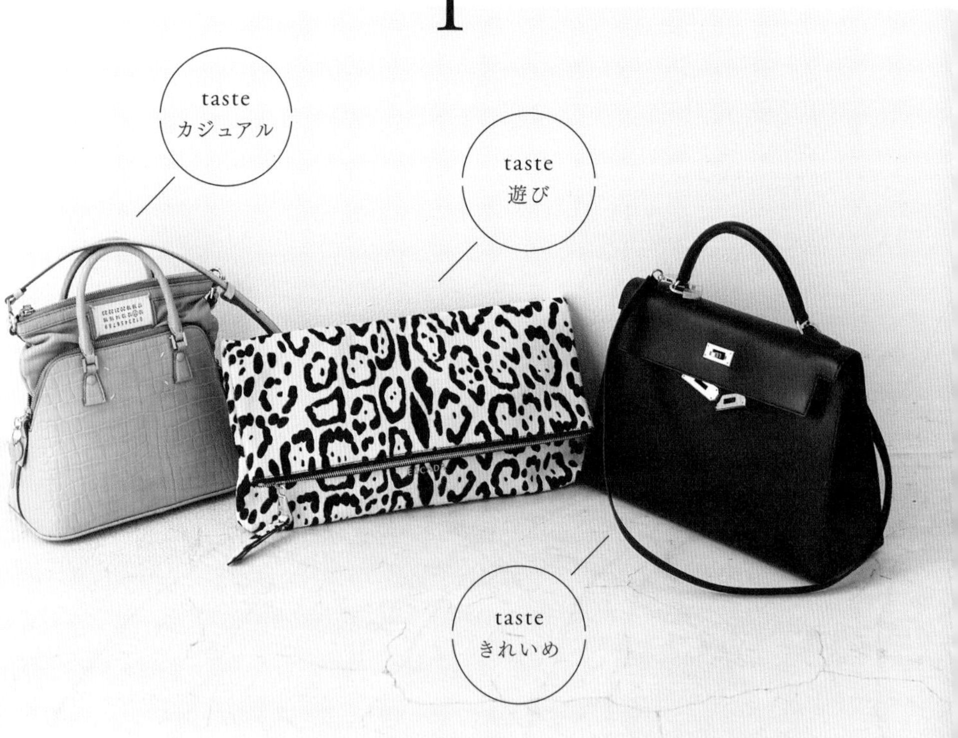

フォルムがかわいい マルジェラの5AC

(Maison Margiela)

メゾンマルジェラの人気バッグ5AC。長財布がようやく入る大きさですが、意外に使い勝手がいい。独特のフォルムで印象に残ります。

アニマル柄の 大型クラッチ

(ESCADA)

クラッチバッグは小さめだと「きれいめ」に振れますが、ここまで大きく、さらにアニマル柄とあって、「遊び」のバッグとしてエントリー。

運命の出会い エルメスのケリー

(HERMÈS)

どんなにカジュアルな装いをしていようと、瞬時に引き上げる。使ってみて初めてその品格に脱帽しました。「きれいめ」バッグここに極まれり。

pattern 2

A4が入る薄型 レンガ色もおしゃれ

（ALLSAINTS）

ライダースに定評あるブランドだが、もうひとつのお勧めはバッグ。一枚革のトートバッグに名品が多い。こちらは超薄型で使い勝手が抜群。

セレクトショップで 大人気のブランド

（ZANCHETTI）

きれいめのルックスに、しっかり機能性も兼ね備えた人気の2Wayバッグ。端正なフォルムにゴールドの持ち手とチェーンがエレガント&実用的。

ビッグサイズの MARNIのトート

（MARNI）

ヌバックのグリーンに惹かれて手に入れたトートバッグ。かなり大きな存在感のあるニュアンスカラーがコーデのバランスをいい意味で崩す。

LESSON 4

ここがポイント、「遊び」のバッグ

ではここで、遊びのバッグについておさらいして見てみましょう。

色柄、素材、シルエット、何かにいつもと違った要素を入れるだけで**コーディネートを一気に華やかにしてくれる存在**。

色で遊ぶなら鮮やかな赤やピンクといった、洋服ではちょっと躊躇するようなタイプにアクセスしてみるのも愉しいですね。

素材も無限にあります。夏ならカゴ、冬はファー。年間通じて使えるPVC加工のバッグは雨の日仕様としても活躍します。

シルエット的にはウルトラビッグなトートバッグが人気になったり、「何を入れるの？」というほど小さなプチバッグが気分だったりと、その時々のトレンドを取り入れてみるのもまた一興。

バッグは身につけている自分の気分を上げてくれる、**大切な脇役、いや主役といってもいいくらい重要なアクセサリーです。**

色柄
で遊ぶ

クラシックなベルベット
(ROBERTA DI CAMERINO)

エスニック柄のトート
(JAMIN PUECH)

素材
で遊ぶ

ファー小物は冬の必需品
(ELCOM)

PVC加工の優れもの
(ZARA)

シルエット
で遊ぶ

手打ちのスタッズがポイント
(ISABEL MARANT)

フリンジ付きのビッグなカゴ
(NO BRAND)

LESSON 5

バッグ＆シューズ揃えるべきはこの5色

さて、バッグもシューズも毎シーズン3個だけ持つとなると、何にでも合う汎用性の高いものをチョイスする必要があります。そこで、次は色に注目して、使い勝手のよさ、という観点から考えてみましょう。

やはり**まず揃えるべきは黒**。コーディネートの引き締め役として絶大な効果をもたらします。締めるなら黒と覚えておきましょう。

続いて欲しいのは白。黒と対照的に、**白は抜けを作ってくれます**。

黒や白ではアクセントが強すぎる、というコーディネートの時に活躍するのがブラウンやグレーといった中間色です。**全体をマイルドに仕上げ優しいニュアンスを加える**のにとても重宝します。

そして赤。**小さい面積で効かせる赤**はヴィヴィッドな印象を作り、全体のコーディネートを一気にフレッシュに変換してくれます。

これにナチュラルなカゴバッグがあれば、**小物のスタンバイは万全**です。

1_Cartier(Vintage)
2_Stella McCartney
3_FABIO RUSCONI
4_PRADA
5_Pretty Ballerinas

black

テッパンのきれいめ黒

黒の靴やバッグはオーソドックスだからこそ、少し遊びを入れると個性が引き立ちます。また、パテントレザーなど光のある素材にアプローチして、黒のニュアンスに奥行きを。黒上級者になりますよ。

1_weeksdays(ほぼ日)
2_CONVERSE
3_JIL SANDER
4_PLAN C
5_HALMANERA

white

〝抜け〟を作る白

コーディネートに抜けを作ってくれる白。この効果は見逃せません。特にシューズは足元が白いだけで格段におしゃれ偏差値が上がります。スニーカーでも構わないので一足はスタンバイしましょう。

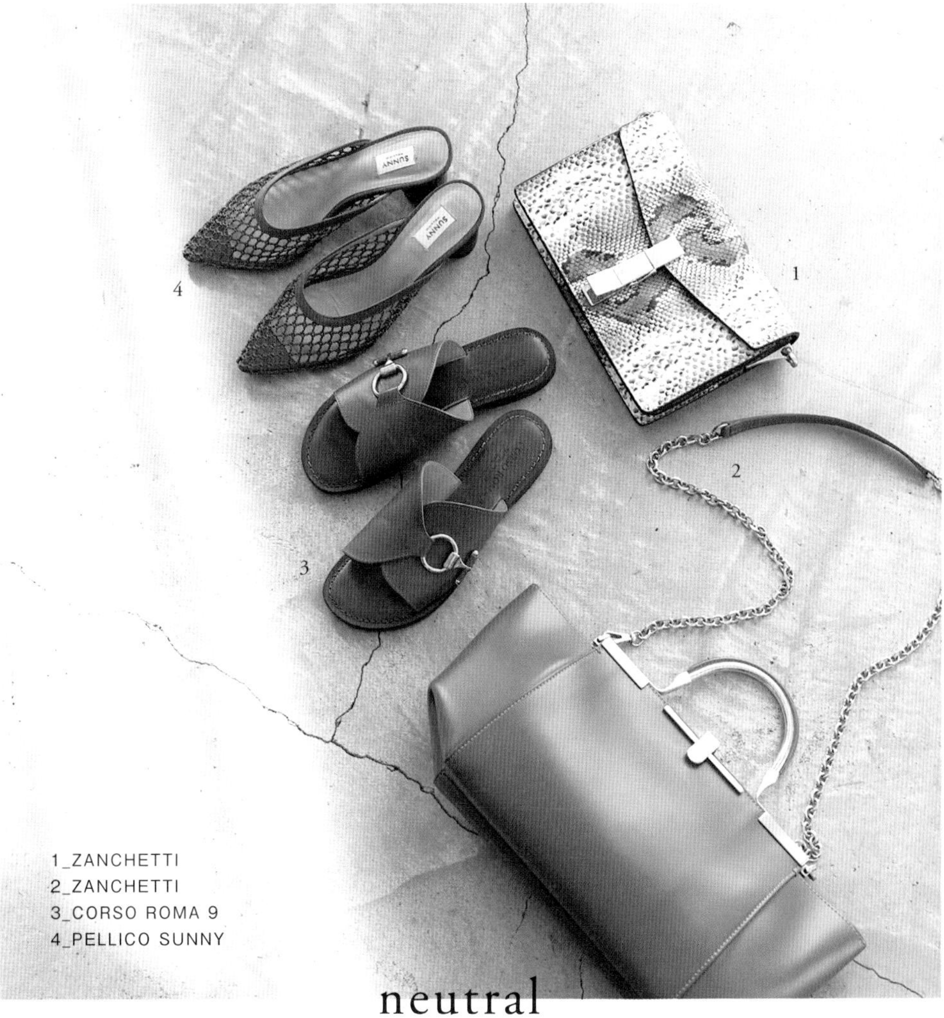

1_ZANCHETTI
2_ZANCHETTI
3_CORSO ROMA 9
4_PELLICO SUNNY

neutral

実は使える中間色

バッグの色に迷ったら、ぜひ中間色にトライしてみて。黒や白では出せない、微妙なニュアンスの威力にきっと驚くはずです。写真はブラウン系の中間色ですが、同じようにグレー系もお勧め。

red

効かせる赤

洋服で取り入れるには勇気がいりますが、小物なら赤にもチャレンジできるのでは？　色のマジックを最も意識できるのはやはり赤。だからこそ効果的に使って、ついでに元気もいただいちゃいましょう。

1_ne Quittez pas
2_arron
3_BECK SÖNDERGAARD
4_ZANCHETTI

basket

通年アイテムのカゴバッグ

夏の小物として欠かせなかったカゴバッグも、今や通年アイテムに。編みの織りなすナチュラルな色合いが、冬の街でもほっとするニュアンスをプラス。ちょっとしたファーやストールをあしらえば万全です。

LESSON 6

大人のアクセサリーベスト5

靴とバッグを毎シーズン異なるテイストで3個選び、それをシャッフルしながら使うことで、シンプルなおしゃれでも何倍ものバリエーションになっていきます。そんなおしゃれをさらに上級に引き上げるのが、アクセサリー。

ここまで進んできたあなたなら、もうおわかりのことと思いますが、**アクセサリーもまた数多く持つ必要はありません**。

「きれいめ」に見せるのか、「カジュアル」に振るのか、あるいは「遊び」でニュアンスを加えるのか。アクセサリー選びも今までの考え方と同じです。

ただ最近は、アクセサリーは大きいものをひとつつけるというより、何個も重ねてニュアンスを出すというつけ方が主流です。リングもネックレスもブレスレットも「重ねてなんぼ」。

そう、なりたいイメージはアクセ次第。ここではひとつ加えるだけでおしゃれを格上げしてくれる、**持つべきベスト5**を見ていきましょう。

1 アクセサリーはまず、ゴールドかシルバーを

大人の肌にツヤを作ってくれる光。これをプラスしてくれるのがアクセサリーです。モノトーンのコーディネートもそこにゴールドかシルバーが入るだけで、たちまち魅力的なニュアンスを帯びます。ゴールドかシルバー、どちらかを選ぶとしたら、**ベースカラーがイエローの方はゴールド、ブルーの方はシルバーが似合います。**

ただ、最近はこのふたつをミックスして使うのが当たり前となっているので、ベースカラーのものをメインに**自由に組み合わせる**のもいいと思います。

顔から離れた指先は好きなリングで飾って
(共にCASUCA)

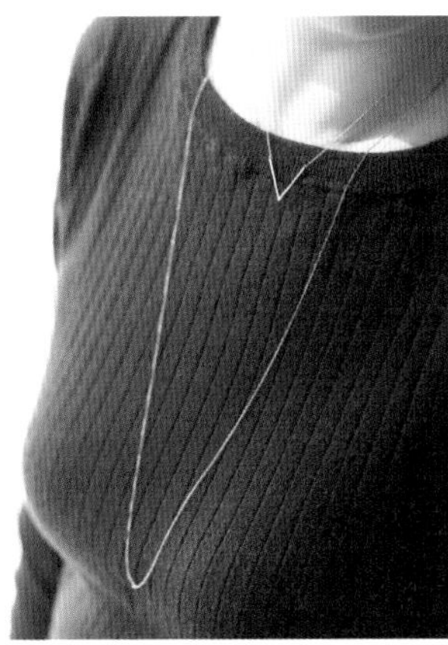

繊細なネックレスの重ね付けが大人の気分
(共にCASUCA)

ゴールドやシルバーのアクセサリーに関しては、私がお勧めしているのは**繊細なタイプを重ね付けする**ことです。離れてしまうと見えないかと思われるほど繊細なもの。前ページで私が重ね付けしているのはＣＡＳＵＣＡというブランドのネックレスですが、ハンドメイドで凹凸を出したデザインのおかげで光が当たるとどの角度でもきらめき、とても上品な輝きをプラスしてくれます。

短いタイプとロングの重ね付けをするだけで、シンプルなニットを一気に華やかにしてくれます。**顔映りを気にしなくてよい腕や指なら、重ね付けはさらに自由**。コーディネートに応じて、どんどんトライしてみてください。

バングルもゴールドとシルバーのミックスで

(ゴールド:YSL/シルバー:MADISONBLUE)

2
パールはカジュアルに日常使いしてこそ

ジュエリーの中で、水の中で生まれるのはパールのみ。**黒髪で黒瞳の日本人には最も似合うジュエリー**でもあります。

かのココ・シャネルのようにホンモノとイミテーションをジャラジャラとつけるのも素敵ですが、我々世代は粒の小さい一連のパールを、Tシャツなど**カジュアルなアイテムに合わせて使う**ほうがおしゃれに見えると思います。パールは光。

ニットアップにひとさしで
フォーマル感アップに
（パール:MIKIMOTO）

耳元のパールは光
小さくても効果は絶大
（上:Hirotaka/下:Bon Magique）

シンプルな装いがゴージャスに変換しますが、そこをあえてカジュアルに使いこなす工夫が大事です。
　コツとしては、ちょっとリラックスしたアイテムにひとさししてみること。前ページの写真はニットのセットアップですが、パールの効果でフォーマル感がアップ、私は実際にこれで孫の七五三のお参りに行きました。
　また、一粒、あるいは数粒のパールのラインネックレスなども愉しげなリズムを作ってくれてお勧めです。
　そして忘れてならないのがイヤリングやピアス。耳元のパールは、顔に近いだけに、大きさにかかわらずそのレフ板効果も絶大です。

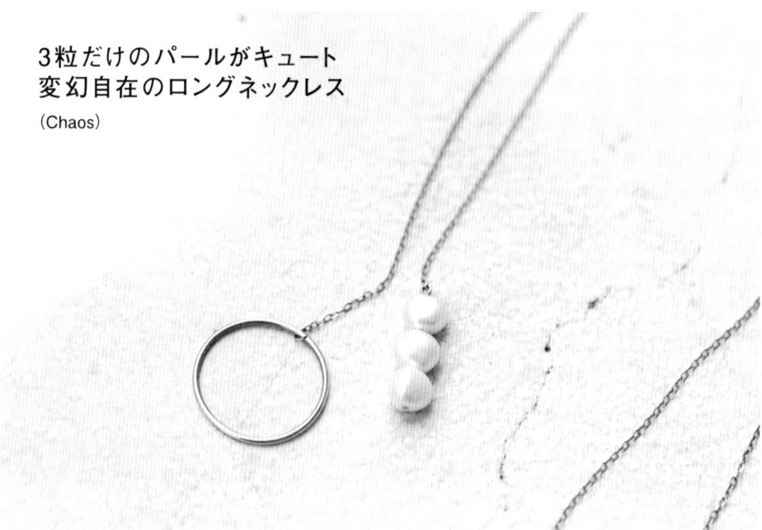

3粒だけのパールがキュート
変幻自在のロングネックレス
(Chaos)

3 ガツンとトライバルジュエリーを

大ぶりのネックレスをひとつだけ、というのは大人世代がやりがちなパターンです。アクセサリーに迫力があるためか我々世代がやるとなぜか古くさい印象に。**大ぶりアクセサリーはコーディネートにアクセントを作ってくれる一方、選び方は要注意**です。

私のお勧めは、ネイティブアメリカンジュエリー。ロマンチックな要素を排した辛口の成り立ちが、ほどよく我々に寄り添ってくれます。

写真はパリのネイティブアメリカンジュエリー専門店Ｈａｒｐｏ（ハルポ）の

**P173と同じニットアップ
ジュエリー使いで
印象が変わる**

（ネックレス/共にHarpo）

ネックレスです。
アニマルモチーフのネックレスは、生徒さんたちとパリお買い物ツアーに行ったときにエティエンヌ・マルセルにある本店で買いました。カラフルな動物たちが着こなしにリズムを加えてくれてとても重宝しています。
左はウィム ガゼットというセレクトショップでセールの時に巡り合ったもの。単品でも活躍しますが、同じブランドのせいか**2つレイヤード**しても違和感なく使えます。ゴールドやシルバー、パールが「きれいめ」なら、これらは「遊び」。
トライバル（民俗調）アクセサリーは、ひとつ加えるだけで、チャーミングな大人の遊び心がプラスされます。

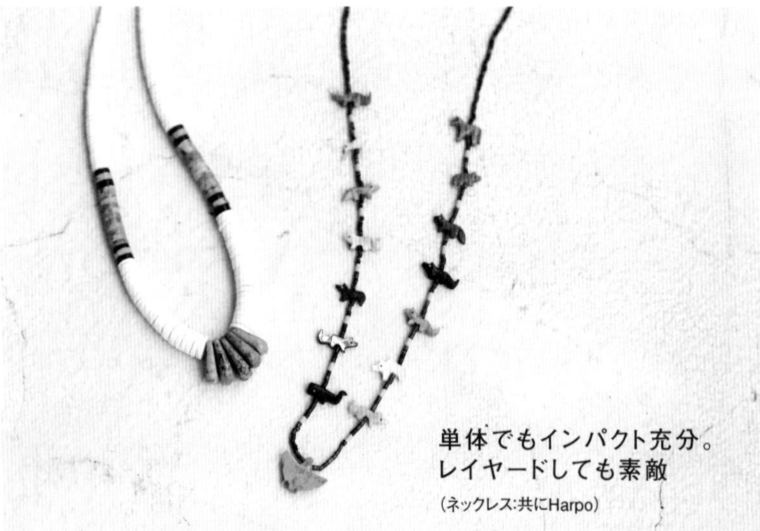

単体でもインパクト充分。
レイヤードしても素敵
（ネックレス：共にHarpo）

4
インパクトペンダントが1個あれば

　中山まりこさんがデザインし、おしゃれな大人の女性たちから圧倒的な支持を受けているマディソンブルー。ブランドのアイコンであるシャツがそうであるように、アクセサリーもオーセンティックで奇をてらわず、そのくせ圧倒的なカッティング力と遊び心で私たちのハートをわしづかみにしています。
　ただ、お値段は決して手頃ではない。それでも一度でも身につけるとたちまち虜に。私の生徒さんたちも、「マディソン貯金」をする人が続出しています。
　そのマディソンブルーから2020年

シンプルな黒の装いを一変させるペンダント
（MADISONBLUE）

に発売されたシルバーのロングペンダント。ひと目で恋に落ち、早速オーダーしてヘビロテしています。

シンプルなコーディネートにこの**インパクトのあるロングペンダントをつけた瞬間、佇まいごとクラスアップする**のが自分でも分かります。これほどのアクセサリーはそう巡り合えるものではありません。

繊細なアクセサリーをレイヤードして使うのもいいけれど、こうした**シンプルなペンダントで一気にテンションを上げる**のもお勧めです。

下に重心が行くかつてないバランス、アクセサリーが誘う新世界もあるのです。

チェーンが少し長めかつ太め。このバランスが新鮮

(MADISONBLUE)

5 万能選手のコインペンダント

それひとつでも存在感を発揮し、**パールはじめ、どんなネックレスとも相性がいい**のがコインペンダントです。

クルーネックのニットなどに、手っ取り早くVを作ってシャープに見せるのにも活躍します。コインの大きさやシルバーかゴールドかによっても印象が変わるので、実際につけてみて自分に似合うものを探してください。

コインペンダントはそれ自体が主張するアクセサリーではないので、その日の装いによって**ピアスやバングルを自由に組み合わせられる**のも醍醐味です。

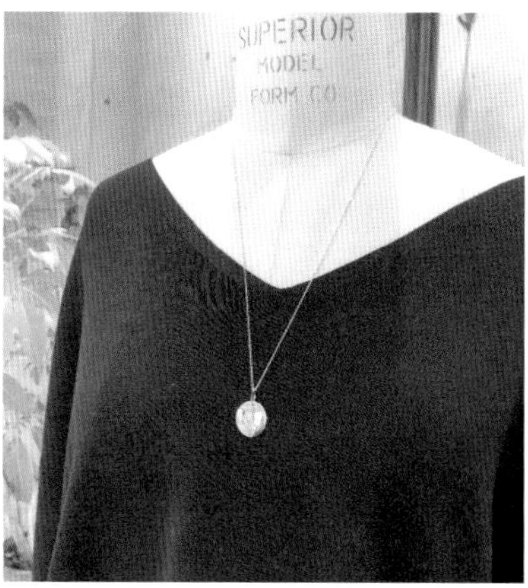

トップスにきれいなVを
作るイチオシアイテム
(Chaos)

LESSON 7

アクセサリーでこれだけ変わる！ワンピース3変化

では、実際に同じワンピースを使って、アクセサリーでどれだけ印象が変えられるのかを実験してみたいと思います。

pattern 1

リラックスコーデ

ワンピースを主役にしたリラックスコーデ。アクセサリーはまずゴールドかシルバーの繊細なアクセの重ね付けが大人の品格を生む。

ネックレス：CASUCA
バングル：PHILIPPE AUDIBERT
腕時計：Louis Vuitton

pattern 2

お仕事仕様にはストールをプラスして

昼間のお仕事には、肩をストールでカバーして。ストールも大切なアクセサリー。大判を持っておくと重宝します。

ピアス：Bon Magique
スカーフ：HERMĒS
腕時計：Louis Vuitton

pattern 3

ディナータイムには

パールのロングネックレスをプラス。足元を赤いヒールに替えればレストランもOK。クラッチバッグで遊びをプラスします。

ピアス：Hirotaka
パールネックレス：AKIO MORI for LOEFF
バングル：MARNI

痩せた？ と言われる服選び

洋服は何を着るかより、どう着るかが勝負。
「痩せ見せ」確実のテクニックはこれ！

| 01 |

チュニック禁止令

隠したい思いが強いあまり、選びがちなチュニック。でもこれほどスタイルを損ねるアイテムはありません。おなか周りのカバーにはウエストに向かって細くなるコクーンシルエットをチョイスして。

| 02 |

ピタピタを着ない

人生も洋服も適度な余裕が必要。メーカーのサイズ表記にとらわれず今の自分がきれいに見えるサイズにシフトしていきましょう。時にはメンズの売り場にも足を運び、わざとゆったりしたサイズにトライするのも超お勧め。

| 03 |

縦ラインで錯覚を作る

縦に長いラインが走っている。それだけで人の目には「細さ」がインプットされます。インナーが何であれ、ロングジレやロングカーディガンを羽織った途端、体の凹凸が矯正されてスリムに見える。ぽっこりおなかもきれいにカバー。

after

before

| 04 |

3首空ける

おしゃれに見える最も簡単で、最も有効なテクニックが3首空け。身体のなかで最も細い、首、手首、足首を出すことで、そのほかのパーツも細く錯覚させる。Beforeではもっさりしたオールホワイトのコーデも、この法則でご覧の通り！

| 06 |

なにはなくても
ポインテッドトウ

靴はつま先が肝心。ラウンドのものより、先の尖った、ポインテッドトウをチョイス。たったそれだけで、同じコーデでも劇的に変わります。ローヒールでもハイヒール並みのシャープさが出るディテールを味方に。

| 05 |

迷ったら
ワントーンコーデ

ウエストで上下の色を分断するよりも、ワントーン、つまり同じ色でつなげた方が、はるかにスリムに見えます。とりわけ黒や紺などのダークカラーはその効果が高い。ワンシーズンひとつセットを作っておくと便利。

| 08 |

ロマンチックは 2割にとどめる

花柄や甘い色はふくよかに見えることはあってもスマートには見えない。それでも着たい場合は、全体の2割を目安に。例えば胸元だけフリルをあしらったブラウス。白×黒コーデで辛口を確保すればこの通り。

| 07 |

ウエスト位置を 高くとる

特に小柄さんにお勧めのテクニック。脚長でスマートに見せるには、何をおいてもウエストの位置です。ボトムスはハイウエストを選び、トップスをインして隠さない。腰位置が高く見え、隠すより絶対細見え。

山際メソッドを実践してみたら

いくつになってもファッションはあなたの強い味方
おしゃれで人生を着替えた、受講生さんたちの生の声を！

曜子さん 57歳

50代も半ばに差し掛かった頃、もう自分を生きよう！　妻も母も嫁も辞める！　定年退職だー！　と一大決心をしました。おしゃれは大好き。唯一手放さなかったこと。でも**完全なおしゃれ迷子**になっていました。そんな時、山際さんの講座を知り飛び込みました。講座は痛快でした。なぜ私がおしゃれ迷子になっていたのか、よくわかりました。大きく邪魔をしていた、こだわりにも気づかされました。結局のところ、いくら一大決心をしても状況は変えられない。でも講座を終えた今は、少し違うのです。自分を愛おしみ、満足させること。我慢しないこと。自分を犠牲にすることが、必ずしも美徳にならないと学びました。そう、**「自分を生きる」大切な元手を手にいれた**のです。これはこれから歳を重ねていく私の、大切な宝物です。

和子さん 58歳

ファッションチェックの際、大好きだったギャザースカートにNGが出てしまいました。それ以来、スリムなパンツ、ストーンとしたスカートに**泣く泣くシフト**しました。すると驚いたことに、周りの人たちからは**「おしゃれになったね」**とよく言われるように！　今ではスリムなパンツ、ストーンとしたスカートの姿の自分が大好きです。

真由紀さん
42歳

私をおしゃれから遠ざけた**母の呪いから解放**されました。「中身がないのに見た目気にしたってしょうがないでしょ」と高校生の時に言われたのです。今は「見た目も中身も大事！」と胸を張って言えます！　そしてなにより心が元気になりました。2016年秋に病気になってから恵美子先生にお会いするまで流産、原因不明の眼の難病にかかる、一年おきの母の入院となかなかの状況で鬱々としておりましたが、恵美子先生におしゃれの愉しさを教えていただいたことで元気になりました。講座に参加して本当によかったです！　恵美子先生からの**容赦ない愛のムチ。**日本刀でバッサリいくようなコメント。怖いですけど大好きです！

由佳さん
59歳

一番の収穫は先生がお持ちの**広い世界**をご案内いただいたことです。ファッション好きなのでDCブランドもひと通り着ましたが、自分で「もっと愉しむ」という視点が欠けていたように思います。
もっと広く、深く自由に…。金額やブランドではなく、こうやってみるとどうだろうというケミストリーですね。
それを**「リミットなく愉しむこと」**を教えていただいたと思います。

なみゆみさん
51歳

服装にかまわない生活をずっとしていた私ですが、講座に参加して**表参道でのショッピング**を愉しめるようになりました。今では仲良しのショップ店員さんもいます。街中で「おしゃれですね」と声をかけていただくこともあり、**昔の自分からは考えられません。**ガンを患い、髪がなくなったこともありましたが、そんな時もおしゃれが私を愉しませてくれました。

ハヤシちゃん
54歳

自分に似合う色も体型もわかり、初めてネットでも購入しましたが、あれもこれも買わなくなったのでむしろ**服の量が減りました。**カチッとした服装を求められる仕事でも、以前のリクルートスーツのような着こなしは卒業。まず靴に投資し、洋服は高いとか安いとかではなく、シルエットにこだわった大人のスーツ姿に。仕事もちょっとマンネリになりがちな年齢に**新しい自信**を与えていただきました。

みどちゃん
57歳

山際メソッドはファッション講座ではありますが**人生を愉しむ考え方、生き方講座**でもありました。自分を大事にすると、人やモノも大事にできるようになるということを知りました。誰でもアピールできるステキなところがあります。私は先生に**「そんなきれいな足首、どうして隠すの？」**と言われ、そのひと言で今ではすっかりスカート派になりました！

朋さん
47歳

恵美子先生の教えは例えるならば『コンパス』です。大海原で360度どの方向に進めばよいかわからず、迷子になっている女性を進むべき方向に導いてくださいます。時に優しく、時に愛あるスパルタで、進むべき方向にグイグイと引っ張ってくださいます。

由美さん
60歳

講座で先生から「閉じている！」といわれたことが印象に残っています。なんでわかるのだろうと。その頃は、自分を守っていましたから。写真を撮るときに「笑ってよ」と言われたことも。笑っているつもりなのに、笑ってなかった。先生の講座を受けて変わりましたよ、私。普通では行けないようなお店に行けるようになり、その道のプロと言われる人に出会わせていただき、自分の良いところを出せるようになりました。**人と比べることをしなくなりました。**これがとても生きやすく、心地良いです。

麻紀子さん
52歳

自分が本当に着たい服を着ることは贅沢ではなく**自分軸を大切にした思考**だ、と気づくことができました。おかげで洋服選びがとても愉しくなりました。

尚子さん
45歳

お店の店員も自分の感覚も信用できずショッピングに行くのが怖くなっていました。似合わないものに無駄なお金を使い後悔するような**ショッピングがストレス**でした。それがなくなったことが嬉しいです。

ひかるさん
55歳

主人を亡くして途方に暮れている時に断捨離を知り山際先生の講座を知りました。ファッションを考える余裕などなく日々必死だった私にとって、**今自分を見つめないでどうするのか**と思わされる先生の講座に心揺さぶられました。スカートにもなかなか手の出ない私でしたが、似合う丈を考えて選べるようになりました。また、意外にデニムが似合うと認識できておしゃれの幅が断然広がりました。

容子さん
55歳

今まではおしゃれな人を見るとときめくとともに、そうでない自分も感じて寂しさと引け目を禁じえませんでした。でも、先生の厳しくもあたたかなご指導のおかげで、**自分に似合う心地よく愉しいおしゃれ**を身につけることができました。おしゃれが愉しくて、引け目を感じることなくおしゃれな人を心から素敵と思えることがとても幸せです。

Epilogue
何を着るかより、どう着るかです

長く雑誌の世界に暮らし、最新トレンドを身につけ、それを読者にお届けするのが全てと思っていた私にとって、おしゃれ迷子の皆さんとの出会いは衝撃と発見の連続でした。

初期の講座でのこと。私が何気なく「インナーは…」と説明したところ「インナーって何」という囁きが聞こえたのです。そうか、そこから解説が必要なのだ。おしゃれに自信がない、でもおしゃれになりたいと、勇気を振り絞ってこの講座に飛び込んできてくださった方々。ファッション用語はわからなくても、おしゃれになりたい！　という情熱は教室にみなぎっている。これに応えるために、何をどうお伝えすればいいのか。試行錯誤を重ねながら、皆さんの心にストンと落ちるようにと、ひたすら走り続けてきました。

本書はその意味で、これまでの講座の集大成です。自分がモデルになることには、とても抵抗がありました。でも、普通の私が着るからこそリアリティを持って皆さんに届くのではないか。お気づきかもしれませんが、本書ではいわゆる「置き撮り」のコーディネートはひとつもありません。洋服は人の身体を通してこそ、はじめてそのシルエットがわかるもの。

シャツひとつでも、袖をまくる、襟を立てる…と着こなしを工夫するだけで、見え方が全く変わる。何を着るかより、どう着るか。それが、私が最もお伝えしたいことだからです。微差が大差になる。これも講座で何度も私の口から出る言葉です。「このくらい、別にいいじゃん」と最後の詰めを怠るか、たとえばボタンの外し方ひとつまで鏡の前で試行錯誤するか。この積み重ねの差が、やがて大差となって現れる。おしゃれとはそういうものだと、私は思っています。「今」にそして「自分」に軸を置いたおしゃれを身に付けていくと、面白いようにみんなが輝いていきます。おしゃれを変えることで、人生をも着替えてしまう。そんな彼女たちに続く女性がひとりでも増えること、それが私の切なる願いです。

本書の誕生にあたり、制作、執筆をすすめてくださったオデッセー出版の瀬戸口修編集長、過酷な条件の撮影に快く応えてくださったカメラマンの須藤敬一さん、最上裕美子さん、信頼を見事なデザインで形にしてくれた林しほさん、ナチュラルメイクの達人、福沢京子さん、頼もしいアシスタントに徹してくれた藤城朋子さん、そして何より私にパワーをくださった受講生の皆さんに、心より感謝申し上げます。

２０２１年９月――――山際恵美子

山際恵美子

ファッション・ディレクター

ファッション雑誌「GINZA」(マガジンハウス)元編集長。フランス留学で習得したフランス語と英語の2か国語を活かし、ミラノ&パリコレクションを10年以上最前線で取材。書籍編集部では、「断捨離」をはじめ、ファッション、美容、医療、料理、ライフスタイルなど幅広い書籍をプロデュース。マガジンハウス退社後、2017年よりフリーランスのファッション・ディレクターとして活動を始め、40歳以上の女性を対象とした各種ファッションセミナーを開催。そのスピンオフ、月1回のオンラインサロン「GO ASK EMIKO!」も、「ファッション誌より勉強になる」と続々フォロワーを増やしている。初の著書『服を捨てたらおしゃれがこんなに「カンタン」に!』(大和書房・2018年刊)は発売直後からAmazonランキングファッション部門1位に。

■山際恵美子オフィシャルサイト
http://yamagiwa-emiko.jp/

■山際恵美子オフィシャルブログ
https://ameblo.jp/yamagiwa-emiko/

■Instagram @YAMAGIWA_EMIKO

おしゃれ迷子はこの指とまれ!

ワンシーズン10着で輝く方法

2021年10月5日第1刷

著者：　山際恵美子
発行人：　蔭山茂樹
発行所：　株式会社オデッセー出版
〒141-0031
東京都品川区西五反田3-6-21
住友不動産西五反田ビル1F
TEL:03-4426-6309
http://www.ody-books.com/

販売：　株式会社ワニブックス
〒150-8482
東京都渋谷区恵比寿4-4-9
えびす大黒ビル
TEL:03-5449-2711
http://www.wani.co.jp/

写真：　須藤敬一
最上裕美子
株式会社ADS
デザイン：　林しほ
ヘア&メイク：　福沢京子
編集アシスタント：　藤城朋子
印刷・製本所：　株式会社シナノ

ISBN 978-4-8470-7057-0